智库 中社 国家智库报告 2016（47）
National Think Tank
社会·政法

中国城市贫困状况研究

——聚焦外来务工人员

魏后凯　苏红键　等著

URBAN POVERTY IN CHINA: FOCUS ON THE MIGRANT
WORKERS

中国社会科学出版社

图书在版编目（CIP）数据

中国城市贫困状况研究：聚焦外来务工人员/魏后凯等著 . —北京：
中国社会科学出版社，2016.10
（国家智库报告）
ISBN 978 - 7 - 5161 - 9116 - 3

Ⅰ. ①中…　Ⅱ. ①魏…　Ⅲ. ①民工—贫困问题—研究—中国
Ⅳ. ①D422.7

中国版本图书馆 CIP 数据核字（2016）第 252566 号

出 版 人	赵剑英	
责任编辑	王　茵	
特约编辑	范晨星	
责任校对	石春梅	
责任印制	李寡寡	

出　　版	中国社会科学出版社	
社　　址	北京鼓楼西大街甲 158 号	
邮　　编	100720	
网　　址	http://www.csspw.cn	
发 行 部	010 - 84083685	
门 市 部	010 - 84029450	
经　　销	新华书店及其他书店	

印刷装订	北京君升印刷有限公司	
版　　次	2016 年 10 月第 1 版	
印　　次	2016 年 10 月第 1 次印刷	

开　　本	787×1092　1/16	
印　　张	10.75	
插　　页	2	
字　　数	110 千字	
定　　价	45.00 元	

摘要：摘要近年来，随着农业人口快速转移和城镇化快速推进，中国城市的低收入群体不断增加，城市贫困问题日益严重。本书在对城市贫困理论、国内外城市贫困状况及其治理经验进行深入探讨的基础上，通过问卷调查，重点研究考察了中国城市外来务工人员的贫困状况及其应对策略，以期为中国城市反贫困和全面小康社会建设提供参考。

本书将中国的城市贫困界定为发生在城市地区的覆盖城市常住人口而非仅仅城市户籍居民的贫困。初步估计发现，2014年中国城市贫困人口在6000万—7500万之间，其中户籍贫困人口1800万左右，外来贫困人口4200万—5700万。

本书选取北京和深圳两个城市作为典型样本城市，通过对外来务工人员居住相对集中的社区和企业进行随机抽样调查，共收回有效问卷1305份。调查结果显示，以当地居民当年人均消费支出的50%作为贫困标准，综合贫困发生率约为20.15%。城市外来务工贫困人口生存状况表现出以下特征：一是工资水平低，工作时间长，技术含量低。二是居住面积狭小，且生活配套设施较落后。三是参与社会保障的比重和水平均低于城市居民，由此加剧了他们的贫困程度。四是子女没有在务工地接受教育的比重较高。调查还发现外来务工人员致贫原因以代际传递、工作技能较低和伤病等为主。

立足外来务工贫困人口现状，围绕政策需求，针对中国反贫困政策中对城市外来务工人员贫困问题的关注缺失，本书提出按照"全面帮扶、精准帮扶、幸福迁移、多方参与"的思路，加强城市外来务工人员贫困治理，搞好城乡贫困统筹治理的顶层设计，积极推进实施救助、预防、开发和成长"四位一体"的全面帮扶计划，加快完善外来务工人员政策体系，鼓励和引导幸福迁移，推动多方参与，防止农村贫困向城市转移，全面解决我国贫困问题。

Abstract: In the rapid process of urbanization in recent years, the low – income groups in urban China continue increasing, and then the urban poverty has become increasingly serious. This book studies the urban poverty theory and the urban poverty in other countries, and studies the urban poverty status and the poverty alleviation strategies focused on the migrant workers by the questionnaire survey, in order to provide proposals for anti – poverty in urban China and Building a Moderately Prosperous Society.

This book defines China's urban poverty as the poverty including overall urban residents rather than just the local hukou residents. According to initial estimates, in 2014, the population of China's urban povertyis about 60 million – 75 million, of which about 18 million local hukou residents and 42 million – 57 million migrants.

This book selects Shenzhen and Beijing as the typical sample cities. A total of 1305 valid questionnaires were collected by random sampling survey from the communities and enterprises where the migrant workers concentrated. The survey results show that with the poverty standard (that is 50% of the average urban consumption expenditure), the incidence of poverty is about 20. 15%. The living conditions of the poor migrant workers include four aspects. First, wage is low, working hours is long and technical level is low. Second, the living area is small and the supporting living facilities are outdated. Third, the proportion and level of participation in social security is lower than the local hukou residents, which worsen their situation. Fourth, high proportion of migrant children are not educated in their migrant parents' working cities. The survey also found that the mainly causes of migrant poverty are the intergenerational transmission, the low skills, and the injuries and so on.

Based on the current status of migrant poverty and their policy demand, in light of the lack of concern for the urban migrant poverty in China's anti – poverty policies, this book proposes to strengthen urban migrant poverty governance with the strategy "taking overall support and assistance, implementing accurate assistance, guiding happy migration, encouraging multi – sides participation". Specifically, we need to speed up the top – level design for the overall governance of urban and rural poverty, actively promote the implementation of the "Four – in – One" aid plan including "relief, prevention, development and growth", improve the policy system for the migrant workers, encourage and guide the happy migration, promote the multi – sides participation, prevent the poverty problem transferring from rural China to urban China and completely solve the poverty problem in China.

目　　录

前言 ……………………………………………………………………… （1）

第一章　导论 ………………………………………………………… （1）
　　一　研究背景 ………………………………………………… （1）
　　二　研究述评 ………………………………………………… （3）
　　三　研究方法 ……………………………………………… （10）
　　四　研究意义 ……………………………………………… （11）

第二章　城市贫困的内涵与标准 ……………………………… （12）
　　一　城市贫困的内涵 ……………………………………… （12）
　　二　国内外使用的贫困标准 ……………………………… （15）
　　三　中国现行城市贫困标准及其
　　　　存在的问题 …………………………………………… （20）
　　四　调整完善城市贫困标准的基本思路 ……………… （27）

第三章　中国城市贫困人口规模及其特征 ………………… （30）
　　一　中国城市贫困人口规模估算 ……………………… （30）
　　二　中国城市贫困特征分析 …………………………… （36）

第四章　中国农业转移人口状况及市民化进程 ………… （42）
　　一　当前中国农业转移人口规模与特征 …………… （42）
　　二　当前中国农业转移人口市民化状况 …………… （46）
　　三　农业转移人口市民化面临的障碍 ……………… （52）

第五章　城市外来务工人员贫困状况调查 ……………（59）

　　一　问卷设计与调查说明 …………………（60）

　　二　中国城市外来务工贫困人口规模与

　　　　特征分析 …………………………………（64）

　　三　中国城市外来务工贫困人口

　　　　生存状况分析 ……………………………（70）

第六章　外来务工贫困人口的致贫原因 ………………（79）

　　一　研究回顾 …………………………………（80）

　　二　外来务工人员致贫的理论分析 ………（82）

　　三　指标和数据 ……………………………（87）

　　四　回归分析 …………………………………（93）

　　五　小结 ……………………………………（103）

第七章　主要国家城市贫困治理的经验及启示 ………（105）

　　一　英国的城市贫困及治理 ………………（105）

　　二　美国的城市贫困及治理 ………………（110）

　　三　巴西的城市贫困及治理 ………………（116）

　　四　印度的城市贫困及治理 ………………（121）

第八章　外来务工人员贫困治理思路与建议 ………（128）

　　一　政策现状与诉求 ………………………（128）

　　二　总体思路 …………………………………（135）

　　三　对策建议 …………………………………（138）

附录：调查问卷 ……………………………………（144）

参考文献 …………………………………………（147）

前　言

近年来，随着农业人口快速转移和城镇化快速推进，中国城市的低收入群体不断增加，城市贫困问题日益成为影响中国社会和谐稳定和全面建成小康社会的重要因素。农业转移人口市民化是推进以人为核心的新型城镇化的重点任务。从市民化的角度看，当前应尽快将外来务工人员贫困治理纳入统筹城乡贫困治理范畴。本书在对城市贫困理论、国内外城市贫困状况及其治理经验进行深入探讨的基础上，通过问卷调查，重点研究考察了中国城市外来务工人员的贫困状况及其应对策略，以期为中国城市反贫困和全面小康社会建设提供参考。

国内外对于贫困内涵的界定，经历了由绝对贫困向相对贫困，从狭义视角向广义视角，从单一视角向多维视角的转变历程。结合以往观点，我们将中国的城市贫困界定为，发生在城市地区的覆盖城市常住人口而非仅仅城市户籍居民的贫困。初步估计发现，2014年中国城市贫困人口在6000万—7500万之间，其中户籍贫困人口1800万左右，外来贫困人口4200万—5700万。中国城市贫困总体表现出以下三方面特征：一是以户籍人口衡量的城市贫困发生率相对稳定，但外来务工人员规模不断增长，逐渐成为城市贫困的主体，占城市贫困人口的2/3以上；二是贫困人口类型更为多样化，表现为老龄人口、女性以及灵活就业人员的不断增长，还有举家迁移产生的儿童贫困；三是城市贫困空间分异特征显著，中西部地区的城市户籍人口贫困发生率较高，但农业转移人口的流向对城市贫困的空间分布会产生一定影响。

本书在理论分析的基础上，通过问卷调查，考察了中国城市外来务工贫困人口的数量、特征和生存状况。调查问卷主要分为七个部分：被调查者个人基本情况、被调查者工作地家庭成员基本情况、工作地家庭成员总收支情况、居住情况、就业与社会保障情况、老家土地与住房情况、其他问题与政策诉求。本研究选取北京和深圳两个城市作为典型性样本城市，并以惠州市的调查数据作为补充。通过对外来务工人员居住相对集中的社区和企业进行随机抽样调查，共收回有效问卷1305份。

按照当地居民当年人均消费支出的50%作为贫困标准对样本进行识别，共发现263个贫困样本，综合贫困发生率约为20.15%。调查结果显示外来务工贫困人口表现出以下四个方面特征：乡城流动仍是城市流动人口的主力，城城流动人口比例增加；外来务工贫困人口低龄化趋势明显，高学历人口占一定比例；家庭式迁移趋势明显，传统性别分工现象依然存在；生活压力较大，留城意愿并不强烈。调查发现，城市外来务工贫困人口的生存状况表现出以下特征：一是工资水平低、工作时间长、技术含量低。二是居住面积狭小且生活配套设施较落后。三是参与社会保障的比重和水平均低于城市居民，由此加剧了他们的贫困程度。四是子女没有在务工地接受教育的比重较高。

对外来务工人员贫困群体的政策需求调查发现：外来务工人员对提高最低工资标准的政策需求最高；已婚群体对子女教育的需求比总样本需求高很多，对子女教育问题的重视与是否贫困的关系不大；选择就业培训需求的比重较低，这一结果在一定程度上支持了20世纪60年代的"贫困文化论"；对其他社会保障和公共服务的关注也普遍存在；城市外来务工贫困人口的留城意愿较低，原因主要是大城市的消费水平较高和户口问题等；贫困人口对小孩落户的问题考虑较少，这与其留城意愿不高直接相关。

立足外来务工贫困人口现状，围绕政策需求，针对中国反贫困政策中对城市外来务工人员贫困问题的关注缺失，本书提出按照"全面帮扶、精准帮扶、幸福迁移、多方参与"的思路加强城市外来务工人员贫困治理。一要积极推进实施救助、预防、开发和成长"四位一体"的全面帮扶计划；二要针对两类外来务工贫困人口的不同需求特征，制定不同的帮扶计划，实施精准扶贫；三要积极鼓励和引导幸福迁移，提高外来务工人员的自生能力，降低城市贫困发生率；四要积极推动政府、企业、社区、社会组织、个人等多方参与，行政化社会救助和社会化社会救助并重，创新帮扶模式，防治外来务工人员贫困问题。最后，针对中国城市外来务工人员的贫困问题，围绕总体思路，结合政策诉求，从加快推进城乡贫困统筹治理、加快推进户籍及其附属公共服务制度改革、完善外来务工贫困人口就业创业扶持政策、帮助外来贫困子女获得公平的成长机会、分类引导人口幸福迁移等方面提出城市外来务工人员贫困治理的政策建议。

本书是在魏后凯主持的中国国际扶贫中心 2015 年度项目《中国城市贫困状况分析》的最终成果基础上修改完成的。各章撰稿具体分工如下：第一章，魏后凯、苏红键、王宁；第二章和第三章，王宁、魏后凯、苏红键；第四章，魏后凯、苏红键；第五章，朱焕焕、苏红键、王宁；第六章，韩镇宇、魏后凯；第七章，徐李璐邑、苏红键；第八章，苏红键、魏后凯。在此基础上，魏后凯和苏红键对全部书稿进行了统一修改和审定，并提出了具体的修改意见，课题组多次进行集中讨论和修改完善。由于时间、精力等方面的限制，难免存在不足之处，有些问题还有待今后进一步深入研究。在此，我真诚地希望学界各位同仁提出宝贵意见，共同推进该领域研究不断深化。

魏后凯

2016 年 7 月 18 日

于北京

第一章　导论

近年来，随着农业人口快速转移和城镇化快速推进，中国城市的低收入群体不断增加，城市贫困问题日益成为影响中国社会和谐稳定和全面建成小康社会的重要因素。农业转移人口市民化是推进以人为核心的新型城镇化的重点任务，因而外来务工人员贫困治理也应成为统筹城乡贫困治理的重点之一。在新形势下，加强对中国城市贫困尤其是外来务工人员贫困状况的研究，提出新时期城市反贫困的总体思路和应对策略，将具有重要的理论和现实意义。

一　研究背景

中国扶贫开发战略一直以农村扶贫开发为重点。改革开放以来，中国大力推进扶贫开发，特别是随着《国家八七扶贫攻坚计划（1994—2000 年）》《中国农村扶贫开发纲要（2001—2010 年）》和《中国农村扶贫开发纲要（2011—2020 年）》的实施，农村扶贫开发事业取得了巨大成就。目前，中国农村贫困人口大幅减少，收入水平稳步提高，贫困地区基础设施明显改善，社会事业不断进步，最低生活保障制度全面建立，农村居民生存和温饱问题基本解决，已经探索出一条中国特色的扶贫开发道路，为促进中国经济发展、政治稳定、民族团结、边疆巩固和社会和谐发挥了重要作用，为推动全球减贫事业发展作出了重大贡献。

党的十八大以来，以习近平同志为总书记的党中央站在全面建成小康社会、实现中华民族伟大复兴中国梦的战略高度，把握全球大势，注重顶层设计，创新扶贫举措，全面推进扶贫开发工作，使发展成果更多更公平地惠及全体人民，朝着共同富裕的宏伟目标稳步前进。十八届五中全会通过的《中共中央关于制定国民经济和社会发展第十三个五年规划的建议》明确提出，到2020年，"我国现行标准下农村贫困人口实现脱贫，贫困县全部摘帽，解决区域性整体贫困"。

相对于农村贫困而言，人们对城市贫困的关注度较低。随着城镇化的快速推进，城市贫困和低收入群体不断扩大，日益成为影响社会和谐稳定的重要因素。从国际经验看，随着城镇化率的不断提高，城市贫困现象将逐步凸显，日益成为贫困的主体。目前，发达国家面临的主要是城市贫困问题。随着城市贫困问题日益凸显，目前中国已经进入统筹城市与农村反贫困的新阶段。然而，目前国内学术界对城市贫困的研究还相对薄弱，不仅缺乏对城市贫困的判别标准，对城市贫困的现状及致贫机理也有待全面深入分析。在新时期，如何加强城市贫困治理，并统筹城乡反贫困将是中国经济社会发展面临的重大战略问题。

当前，中国的城市外来务工人员规模不断增长，但至今为止，外来务工人员的贫困问题还没有纳入城市贫困治理的范畴。城市贫困治理的相关政策主要有《国务院关于在全国建立城市居民最低生活保障制度的通知》（国发［1997］29号）和《城市居民最低生活保障条例》（国务院令第271号），其保障范围为持有非农业户口的城市低收入居民，不包括城市外来务工人员。随着农业人口快速转移，农业转移人口市民化已成为以人为核心的新型城镇化的重点任务，外来务工人员的贫困治理也应成为统筹城乡贫困治理的重要内容。

二　研究述评

国内外关于城市贫困的研究，主要集中在贫困内涵、城市贫困标准、致贫原因、反贫困措施等方面，另外还有一些对中国城市贫困现状的研究。

1. 关于贫困内涵的观点

对贫困内涵的理解，会影响到相关测度指标的设计及变量选取，进而影响反贫困政策的导向及制度设计的偏向。随着对反贫困实践的不断反思及经验总结，国内外学界和政界对贫困的认识也在逐步深入，主要有单一的经济贫困概念和多维度的综合贫困概念两类。

最初人们常把贫困单纯理解为收入贫困或物质缺乏，强调的是经济上的贫困。但实质上，贫困是一个多维度的综合性概念。阿玛蒂亚·森（2002）从可行能力的视角扩展了人们对贫困的理解，认为贫困是指基本可行能力的被剥夺，而不仅是收入的低下。在现实中，这种可行能力集中体现在就业方面，因此反贫困的核心在于贫困者就业能力和就业机会的提升；而且，可行能力是一个综合性的概念，并非仅局限于就业方面，还可以扩展到居住环境、权益保障、精神贫困等方面，应重视贫困者的不同需求（Ahmed，2010；Saxena，2014；Callendar，et al.，2012）。

在新时期，尤其是包括中国在内城市贫困问题不断凸显的背景下，要真正找到治理贫困的途径，就必须拓宽仅将收入与贫困挂钩的思维，从多维视角来理解贫困，既要考虑到可量化的收入和消费水平，也要兼顾个人及家庭基本行为能力的剥夺及权利不平等问题。

2. 关于城市贫困的标准研究

城市贫困标准的确定直接决定了城市贫困人口规模等现状分析。目前，城市贫困标准主要有以下几类（Wratten，1995）。

一是绝对贫困。主要基于收入或消费水平的标准，如世界银行的1.25美元的日均消费标准（按购买力平价计算，2008年从1美元调整为1.25美元）。另外，在收入基础上衍生的每日满足一定能量需求的消费标准，或在食品消费的基础上加入非食品消费。这类标准简单直观，但由于购买力平价（PPP）计算方法不同，会导致在国际比较时，各国的贫困水平变动较大（Osberg and Xu，2008）。各个国家会指定自己的绝对贫困线，比如印度城市贫困线为57卢比（以1973—1974年物价为基期）；缅甸使用食品贫困线和贫困线两条贫困线，其中食品贫困线衡量需要多少消费支出才能满足基本的热量需求，而贫困线在食品的基础上加上非食品支出（Ahmen，2010；左常升，2013）；王小林等（2013）将2009年城市人均纯收入的25%作为绝对贫困线，然后按照城市居民消费价格指数进行通货缩减，推导得到1989—2009年每年的绝对贫困线。

二是相对贫困，常常采用一个社会中等收入水平比例（如50%）作为衡量贫困的门槛（Osberg and Xu，2008）。目前发达国家使用国际贫困线1.25美元的绝对标准，贫困人口较少。理论上讲，相对贫困线测算的贫困人口会比绝对贫困线贫困人口多，因为相对贫困线与经济体的经济、社会发展水平相关，比如Higuchi（2008）就认为，日本的相对贫困率要高于其他发达国家。各个国家和地区的相对贫困线标准也不相同，比如，美国的贫困线2000年时为中等收入水平的27%，使用家庭总收入指标，并随着消费价格指数调整；欧盟2001年提出的莱肯指标（Laeken indicators）包含四个社会包容维度，即金融贫困、就业、健康和教育，其中金融贫困线（financial poverty line）设定在国家中等可支配收入水平的60%（Notten and Neubourg，2011）；王小林等（2013）将人均纯收入中位数的25%定义为相对贫困线。

三是组合式指标。针对使用绝对贫困标准或相对贫困标准单一标准各自存在的问题，出现了一些组合式的衡量贫困的指标，以反映多维度的贫困。比如，联合国自 1990 年《人类发展报告》中开始使用的人类发展指数（human development index，HDI），它以人类发展的三个基本维度来衡量一国取得的平均成就，这三个维度分别为健康长寿、知识的获取以及生活水平。HDI 的出发点在于，通过促进人类发展的途径，实现反贫困目的。2010 年《人类发展报告》采用了 Alkire – Foster 方法，发布了 104 个国家的多维贫困指数（王小林，2012）。另外，FGT 指数（Foster – Greer – Thorbecke index）和森的家庭贫困指标（the Sen family of poverty indices）能够同时反映贫困发生率（incidence）、贫困的深度（intensity）和穷人之间的不平等（inequality）三个方面，并可分解。但这两种指数在实际研究中应用较少（Essama – Ns-sah，1997；Osberg and Xu，2008）。这种组合式的指标，将一系列能够量化及反映不平等状况的因素纳入测算，从而实现对不同经济体的横向比较。但组合式指标仍以一定的收入或消费贫困线为基础，而且也存在主观性较强的问题（Osberg and Xu，2008）。

从实际使用情况来看，目前发达国家多使用相对贫困线，发展中国家主要是使用绝对收入贫困线，收入水平或消费支出低于该线就被视为贫困人口。但一些学者认为，使用单一的标准只能反映部分问题（Wratten，1995；Mok，Maclean and Dalziel，2013；Osberg and Xu，2008）。Osberg 和 Xu（2008）就指出，目前使用较多的是贫困率和贫困差距比率，前者只能反映贫困的程度，而后者只能反映贫困的深度。但现实中贫困群体往往面临着不平等等一系列问题，因此，他们更倾向于森的家庭贫困指标和 FGT 指数。Notten 和 Neubourg（2011）将美国的绝对贫困标准与欧盟的相对贫困标准分别应用于美国和 15 个欧盟成员国，研究结果发现同时使用两种标准更有意义。

目前，中国在国家最低生活保障的基础上，各城市根据经济发展水平与物价水平有自己的低保线，但还缺乏衡量城市贫困的国家标准。对中国城市贫困问题的研究首先需要明确城市贫困线。但有一点需要明确，城乡间不应出现二元贫困标准，对城、乡贫困线的划定，应坚持统一而有弹性的原则，并充分考虑到城乡间、地区间的空间差异及时间变化。

3. 关于城市贫困致贫原因的研究

城市贫困与农村贫困存在着一些共同的原因，如种族差异、性别、年龄、社会阶层不同，以及受国家政策或国际政策等外部冲击，获得相关公共服务的可及性差，权益得不到有效保障等（Wratten，1995）。如美国城市中心大量集聚的贫困人口，主要是黑人和西班牙裔居民（Wratten，1995；Imbroscio，2004）。

但与农村相比，城市因为存在着集聚效应，各种问题更容易集中出现，如一些卫生疫情的发生，火灾较为严重等。城市比农村物价水平更高，尤其是在租房费用方面。从社会环境方面看，城市是一种陌生人的社会，而农村更偏向于熟人社会。这种社会文化的差异，使得城市中的低收入群体在没有政府救助的情况下，很容易陷入贫困境地，如医疗及教育费用等不可预期性开支出现的时候。

在城乡二元体制背景下，由于在农村获得经济收益的机会较少，大量农村劳动力不断向城市迁移。这些迁出人口人力资本水平较低，权益又得不到保障，很容易成为城市的贫困人口，如拉美国家大量的城市贫民窟。中国城市中存在的大量农村外来务工人员也是城市贫困的重要群体（梁汉媚、方创琳，2011）。另外，发展中国家还存在着大城市优先发展的战略取向，各种资源不断向大城市集中，使得中小城市、小城镇得不到发展机会，由此造成大量劳动力不得不向大城市集聚，加剧了大城市的贫困状况。在一些经历体制转轨的发展中国家，还存在着因经济体制、结构转轨带来的被动贫困人口，如蒙古国20世纪90年代的政治和经济转型带来了严重的资产占有和收入的不平等，自1995年以来约有三分之一的家庭生活处于贫困中（Mearns，2004）。中国在20世纪90年代进行市场经济体制改革，也出现了大量国企下岗失业人员，成为当时城市贫困的主要群体之一（Bishop，Luo and Pan，2006；吴敬琏，2007；Higuchi，2008）。

无论有什么样的客观因素，这些城市贫困人口与非贫困人口相比，通常自身方面也存在着一定的特征，如人力资本水平偏低、受教育和培训不足、营养不良、健康状况不太乐观、多集中于城市的非正规就业等。这些个人因素又会与外在客观因素相互作用，形成恶性循环，使他们很容易在经济结构调整过程中面临失业的风险，并有代际传递的危险。

4. 关于城市反贫困治理的国际经验

目前，关于国际上城市反贫困措施的研究，主要集中在以下几个方面：

第一，从国际经验来看，促进经济发展是减贫最有效的举措。因为经济发展能带来大量的就业机会，从而满足城市居民及农村迁移到城市来的劳动力的就业需求，促进居民家庭收入增长。如马达加斯加 1962—1980 年城市贫困人口增加，主要是由于缺乏经济增长（Essama‐Nssah，1997）。世界银行（1993）的研究表明，中国自改革开放以来取得了较好的减贫成效，也主要归功于快速的经济发展。

第二，不断提升贫困人口的人力资本水平，将有利于长期减贫。主要是通过对贫困人口健康、教育权益的保障，提升贫困群体自身的反贫困能力。这在中国及东南亚国家都表现出很好的效果（Ahmed，2010）。日本则主要通过对穷人的就业培训，促使他们从非正规就业向正规就业转变，从而提高收入，减轻贫困程度（Higuchi，2008）。

第三，积极鼓励和扩大贫困人口就业，防止出现对社会福利的依赖。这在高福利的发达国家较为常见。如欧洲和美国，为防止贫困人口对福利的依赖，并试图实现根本性消除贫困，往往鼓励人们参加各种就业培训，通过劳动的方式取得收入（Osberg and Xu，2008）。

第四，非政府组织的积极参与。治理城市贫困，单纯依靠政府力量是不够的，这一方面由于政府的财政资金有限，另一方面还由于政府人力有限及制度设计可能会错过、漏掉一些穷人，使他们得不到及时的救助。而非政府组织相对更为灵活，采用的方式更为多样化，如尤努斯博士在孟加拉开创的小额贷款，以及加纳和缅甸的扶贫组织。这些非政府组织的作用发挥，对减轻贫困发挥了重要作用（Ahmed，2010；左常升主编，2013）。

第五，提高城镇化质量，促进农村劳动力就近非农就业，减轻大城市贫困人口集聚。发展中国家在城镇化过程中，往往走的是一条大城市优先的发展道路，大量资源集中在大都市，导致中小城市和小城镇发展不足。随之而来的是，农村劳动力大量向大城市迁移和集中，很容易形成城市贫困人口的集聚。为此，应该打破城乡二元体制，创造条件让小城镇、中小城市得到发展，促进农村劳动力就近实现非农就业，提升城市发展质量，减轻城市贫困（Higuchi，2008）。

此外，还有像巴西、智利、墨西哥等国采取的有条件现金转移支付措施，即针对贫困家庭提供现金支持，这种支持提供的前提是必须将扶助资金用于提升其子女的人力资本水平。但也有学者认为，这种措施虽然可以减轻贫困，但无助于改善不平等状况（Agostini，et，al.，2010）。为减轻城市贫困状况，美国的许多城市自1994年11月通过了生存工资法令（living wage ordiances），但Neumark和Adams（2000）的研究表明，这一法令的减贫效果一般。Seiple（2003）则认为，反贫困措施必须基于多方面的因素，而且必须能够可持续。也就是说，要想真正实现消除贫困，就必须保证形成一套可持续性运行的反贫困机制。

5. 关于中国城市贫困的现状研究

据世界银行（1993）的研究，1981—1990年中国城市贫困人口在50万—390万之间，贫困发生率平均为0.5%。而目前中国的城市贫困人口规模早已超过千万。民政部发布的官方数据表明，按城市居民最低生活保障标准（较低水平的贫困线）计算，截至 2014 年年底，全国共有城市低保对象 1026.1 万户、1877.0 万人，自 2005 年以来，城市低保总体规模相对稳定并略有下降。中国在 2002 年时就已经实现了对城市户籍人口的应保尽保。

现在的问题是，一方面，城市中存在着大量迁移人口，由于各城市、城乡间最低生活保障标准不统一、不对接，使得新的城市贫困人口存在未被覆盖的尴尬局面。另一方面，中国目前仍没有制定统一的城市贫困标准，也没有开展全国城市贫困人口调查，城市最低生活保障标准偏低，对城市贫困的真实情况反映不准确（洪大用，2003）。国家统计局《中国城镇居民贫困问题研究》课题组（1991）从中国城镇居民的现实生活状况考察，将城市贫困标准定义为：在一定时间、空间和社会发展阶段的条件下，维持人们基本生活所需要消费的商品和劳动力的最低费用。可见，这个贫困标准是一种基于物质贫困的绝对贫困标准。

由于没有统一的城市贫困标准，学者们利用不同的方法对中国城市贫困人口进行估算。国家统计局城市调查总队（1997）采用比例和基本生活费用价格指数相结合的方法计算贫困线，再利用住户调查资料计算收入低于贫困线的居民家庭和个人的绝对数量，得到 1994 年城市贫困人口规模为 2428 万人。胡鞍钢等人（2000）按贫困类型划分，将城镇最低贫困职工、最贫困退休人员、最困难居民和城镇最低收入困难户全部计为贫困人口，估计 1997 年有 3000 万人。华迎放（2004）在胡鞍钢等人的基础上，将困难人员的家庭人口也统计为贫困人口，结果多出 240 万。中国城市贫困问题研究课题组（2002）分别采用人均收入和人均支出作为贫困指标估算各省贫困人口，最后汇总得出全国的城市贫困人口，利用人均支出标准测算的城市贫困人口要远远多于按人均收入标准测算的规模，两种方法测算的结果相差约 2300 万。中国社会科学院城市发展与环境研究所发布的《城市蓝皮书》估算，2009 年中国城市贫困人口大约 5000 万，数倍于城市低保人口规模（潘家华、魏后凯主编，2011）。很明显，各个学者利用不同的标准测算得出的结果有很大差距，但对城市贫困问题日益严重的趋势判断是一致的（魏后凯、邬晓霞，2009）。可以认为，近年来中国的城市贫困人口规模在不断扩大，城市贫困状况呈不断恶化趋势（魏后凯、王宁，2013）。

而且，近年来中国城市贫困状况还呈现出主体多元化、阶层分化，表现出长期化、固定化的趋势（关信平，2003）。每年流入城市的大量农民工和日益增多的老龄人口将成为中国未来城市新增贫困人口的两类主要人群，这也将使得中国城市贫困的类型不断多样化。另外，梁汉媚和方创琳（2011）还认为，中国城市贫困人口在空间分布上具有典型的地域特征，即城市贫困发生率较高的为中部老工业基地和西部地区。

三　研究方法

本研究将采取定性与定量、规范与实证、实地调研与比较分析相结合的方法，综合运用发展经济学、城市经济学、城市社会学、可持续发展经济学等相关理论，对中国城市外来务工人员贫困状况进行全方位、多视角的综合性研究，力求理论和方法创新，提高研究的理论和应用价值。

一是定量分析方法。在明确界定城市贫困的内涵和标准之后，将采用城镇住户调查数据、人口普查数据、经济普查数据、中国农民工监测报告等统计数据以及有关部门、各地区发布的统计数据和本项目的问卷调查数据，对中国城市外来务工人员中贫困人口的总体规模和生存状况进行深入分析。基于相关数据和调查数据，利用相关分析、多元回归分析、Probit 回归等方法，深入分析致贫原因。

二是案例分析方法。充分利用社会调查、文献研究等方法，选择北京、深圳等城市，开展城市外来务工人员生存状况调查和案例研究，分析当前典型城市贫困状况和致贫原因，为深刻揭示中国城市贫困现状和贫困人口生存状况，提出可行的城市反贫困措施提供重要参考。通过对主要国家的城市贫困和反贫困政策进行案例分析，为中国制定城市反贫困措施、预防城市贫困等提供经验借鉴。

三是问卷调查方法。设计城市贫困调查问卷，选取北京、深圳、惠州的外来务工人员开展问卷调查，重点了解城市贫困人口的财富状况、收入状况、能力状况、就业状况、居住条件、致贫原因、生存状况以及相关政策需求。

四　研究意义

从理论意义来看，主要体现在两个方面：第一，目前国内学术界对城市贫困问题还缺乏深入研究，对城市贫困的度量也缺乏统一的标准，本研究将在明确城市贫困内涵的基础上，从现阶段中国实际情况出发，合理确定中国城市贫困的标准，深入探讨城市贫困的致贫机理和反贫困政策，为推动形成中国特色的城市反贫困理论贡献自己的力量；第二，中国的城市贫困问题，尤其是城市外来务工人员贫困问题具有自身的特殊性，对中国城市贫困状况、分布、致贫机理和反贫困政策展开研究，将可以丰富世界的城市反贫困理论。

从现实意义来看，随着中国城镇化率越过50%的拐点，2015年达到56.1%，表明中国已经进入以城镇人口为主体，城市经济和生活方式占主导地位的城市型社会。而伴随着城镇化的快速推进，城市空间分异不断加剧，城市内部二元结构日益凸显，城市贫困问题也越来越突出，由此影响了社会和谐和全面建成小康社会进程。因此，在新形势下，对中国城市贫困状况及致贫机理进行客观科学的研究分析，提出符合中国国情的城市反贫困政策，将有利于全面提高城镇化质量，促进全面建成小康社会目标的实现。

第二章 城市贫困的内涵与标准

过去，中国的贫困人口主要集中在农村地区，城市贫困并不是突出问题。近年来，随着农业人口的快速转移和城镇化的快速推进，中国城市的低收入群体不断增加，城市贫困问题日益成为影响社会和谐稳定的重要因素。当前，中国已经进入城市与农村反贫困并重的新阶段。然而，由于缺乏统一的城市贫困标准，在国家层面还难以准确评估全国的城市贫困状况，也难以制定全国统一的城市反贫困政策。为此，当务之急是尽快统一当前使用的各种不同标准，并根据新的发展形势制定适合的城市贫困标准，以精准识别、治理城市贫困，真正确保到 2020 年全面建成小康社会目标的实现。

一 城市贫困的内涵

贫困，实质上是一个十分模糊的概念，其内涵具有很大的相对性。对它的理解，会随着社会发展及人们的认识不断调整。

国内外对于贫困内涵的界定，经历了由绝对贫困向相对贫困，从狭义视角向广义视角，从单一视角向多维视角的演变历程。最初人们常把贫困单纯理解为收入贫困或物质缺乏，强调的是经济上的贫困，即一种物质贫困观。世界银行（1990）早期曾将贫困界定为缺少达到最低生活水准的能力。中国国家统计局定义贫困时一般也是指物质生活困难，即一个人或一个家庭的生活水平达不到一种社会可接受的最低标准。他们缺乏某些必要的生活资料和服务，生活处于困难境地（国家统计局《中国城镇居民贫困问题研究》课题组，1991）。近年来，人们逐步认识到贫困很大程度上与社会不公平有关，相应的，贫困也被认为是一个多维度的综合性概念。世界银行在《2000/2001 年世界发展报告》中认为，贫困的含义不仅指低收入和低消费，还指在教育、医疗卫生、营养以及人类发展的其他领域取得的成就较少。同时，该报告还将贫困进一步扩展为包括没有权力、没有发言权、脆弱性和恐惧感，而且贫困的这些不同方面相互之间有着重要的影响（世界银行，2001）。还有学者从可行能力的视角扩展了人们对贫困的理解，认为贫困是指基本可行能力的被剥夺，而不仅是收入的低下（森，2002）。所谓可行能力，是指一个人所拥有的、享受自己有理由珍视的生活的实质自由。在现实中，这种可行能力集中体现在就业方面，因而反贫困的核心在于贫困者就业能力和就业机会的提升。当然，可行能力是一个综合性的概念，并非仅局限于物质方面，还应扩展至居住环境、权益保障、精神贫困等方面，应重视贫困者的不同需求。与可行能力的观点类似，还有学者认为，中国及亚洲一些国家的实践表明，贫困不仅在于收入水平偏低，它是与个人及家庭人力资本水平高低、享受相关服务及权利等的能力紧密相连的（Ahmed，2010；Saxena，2014）。另外，贫困也不仅仅限于物质方面，还体现在精神贫困、文化贫困等层面，它的内涵与外延，会随着经济发展、社会进步以及人们的认识水平不断扩展。

同时，贫困是有"十分重要的地区性范围"的（世界银行，1999）。正因如此，人们会区分农村地区的贫困与城市地区的贫困。从字面意义来看，"城市贫困"是相对于"农村贫困"而言。实际上，由于农村与城市的差异，从影响贫困的因素来看，农村贫困与城市贫困还是有一定差异的，这也就能理解为什么需要进行分别研究。

　　从中国自身的情况来看，由于长期遗留的城乡二元体制，对于贫困问题最初主要是针对农村地区，而且是农村户籍人口。在新的时期，中国的贫困人口已经不再仅局限于农村地区，特别是到 20 世纪 90 年代中期以后，伴随经济体制改革而来的下岗、失业、社会"三无"（无生活来源、无劳动能力、无法定抚养义务人）人群增多，使城市贫困问题凸显，才有了针对城市贫困问题的一些措施，但仍受户籍、"属地"思维的影响，只限于城市户籍人口。

　　自 1996 年以来，中国城镇化进入了快速推进的时期，而这种快速的城镇化很大程度上是由国内大规模的乡城迁移人口推动的。这类群体很大程度上受户籍限制，无法同城市居民一道享受城市的公共服务及社会保障，很容易面临贫困的风险，因此，这种贫困不单纯是一种物质贫困的状态，更多的是一种多维贫困。随着中国城镇化的快速推进，并由农村型社会向城市型社会转型，如果不将他们纳入城市贫困问题的讨论中，一方面仍体现的是一种城乡二元的不平等思维；另一方面，大量流动人口如果陷入贫困，对城市自身发展、社会稳定来说，也是一种严重的经济社会问题。在当前推进城镇化的过程中，一定要高度重视并有效防范农村贫困向城市的转移，① 并将权利不足、福利缺失等纳入到城市贫困的多维因素中。很明显，随着城镇化进程中大量人口的迁移流动、老龄化进程的加快、中国传统家庭模式破裂，城市贫困问题正变得更为复杂多样。

　　综合以上的分析，我们将城市贫困界定为，发生在城镇地区的覆盖城镇常住人口而非仅仅城镇户籍人口的贫困。具体来说，是指城镇地区的常住居民个人或家庭因自身及各种外部因素影

---

　　① 一些外出务工人员往往仅从收入看，在农村不算是贫困人口，但在城市中由于多种权益得不到保障，面临的生活风险较高，很容易成为贫困人口。

响，生活水准无法达到当地普遍认可的、有尊严的最低水平，应对风险能力低。突出地表现为消费水平及收入水平低，享受到的教育、医疗卫生、营养以及人类发展的其他领域的资源少于当地正常水平，极大地限制了他们自身发展的能力。

二　国内外使用的贫困标准

欧美国家由于进入城市化社会较早，基本上自 20 世纪 20 年代就已经达到了很高的城市化水平。因此，这些发达国家的贫困主要是在城市，其贫困问题也主要表现为城市贫困。与此不同，发展中国家在经济发展过程中，初期往往存在着城市导向发展策略，由此出现了严重的城乡二元分化。所以，对发展中国家贫困问题的关注，也主要是对农村贫困层面。城市贫困问题的出现主要是伴随着经济危机、经济周期、结构性调整等带来城市经济的衰退或发展放缓，出现就业与收入水平的下降。如 20 世纪 80 年代的经济危机引发了拉美国家的城市衰退，出现了严重的城市贫困问题。在就业岗位缺乏和设施供给不足的情况下，大量农民蜂拥到城市，也容易造成城市贫困问题。目前，在拉美、亚洲和非洲，许多发展中国家都已出现了严重的城市贫困现象，有不少还同时面临着农村贫困和城市贫困问题。表 2－1 列举了部分发展中国家主要年份的农村和城市贫困率。

表 2－1　　　　　发展中国家主要年份国内贫困率（％）

国家或地区	年份	全国	农村	城市	国家或地区	年份	全国	农村	城市
墨西哥	2004	17.6	27.9	11.3	加纳	2006	28.5	39.2	10.8
巴西	2003	21.5	41.0	17.5	肯尼亚	2006	46.6	49.7	34.4
特立尼达和多巴哥	1992	21.0	20.0	24.0	尼日尔	2007	59.5	63.9	36.7
伯利兹	2002	33.5	44.2	23.7	加蓬	2005	32.7	44.6	29.8
印度	2000	28.6	30.2	24.7	喀麦隆	2007	39.9	55.0	12.2

续表

国家或地区	年份	全国	农村	城市	国家或地区	年份	全国	农村	城市
菲律宾	1997	25.1	36.9	11.9	刚果（金）	2006	71.3	75.7	61.5
越南	2002	28.9	35.6	6.6	中非	2008	62.0	69.4	49.6
柬埔寨	2004	35.0	38.0	18.0	利比里亚	2007	63.8	67.7	55.1
老挝	2008	27.6	31.7	17.4	布隆迪	2006	66.9	68.9	34.0
塔吉克斯坦	2009	47.2	49.2	41.8	摩洛哥	2007	8.9	14.4	4.8
也门	2005	34.8	40.1	20.7	乌干达	2009	24.5	27.2	9.1
斐济	2009	35.2	44.0	18.6	莱索托	2003	56.6	60.5	41.5
阿尔及利亚	1995	22.6	30.3	14.7	佛得角	2007	26.6	44.3	13.2
科特迪瓦	2008	42.7	54.2	29.4	科摩罗	2004	44.8	48.7	34.5

资料来源：世界银行 WDI 数据库，根据《国际统计年鉴 2015》和《广西调查年鉴 2010》整理。

当然，对城市贫困问题的把握，需要有一个好的标准进行量化，以便于制定有针对性的反贫困措施。目前，有关城市贫困的标准主要有绝对贫困标准、相对贫困标准和组合式贫困标准三类（见表 2 - 2）。

表 2 - 2　　　　　　　　现有三类城市贫困标准的比较

类型	内涵	特点	具有代表性的贫困标准
绝对贫困标准	基于收入或消费水平的标准，实质上衡量的是低收入国家的极端贫困	简单直观，便于研究极端或赤贫问题，在进行国际比较时使用较为方便。随着一国经济发展水平的提高，这种极端贫困线越来越不适用	世界银行的 1.25 美元的日均消费标准；缅甸使用每日满足一定热量消费标准；印度城市贫困线为 57 卢比（以 1973—1974 年物价为基期）；中国官方对外公布的农村贫困线
相对贫困标准	以社会中等收入水平的一定比例（如 50%），作为衡量贫困的门槛	相对贫困线会根据各国消费水平不同而有差异。按相对贫困线测算的贫困人口会比按绝对贫困线测算的贫困人口多	经济合作与发展组织 1976 年提出以一个国家或地区社会中位收入或平均收入的 50% 作为这个国家或地区的贫困线；英国、日本、美国等国家的贫困标准

续表

类型	内涵	特点	具有代表性的贫困标准
组合式贫困标准	组合式的衡量贫困的指标，以更全面地反映贫困状况	更好地兼顾贫困人口中存在的不平等问题。仍以一定的收入或消费贫困线为基础，存在一定主观性	联合国开发计划署在《人类发展报告》中提出的人类发展指数；欧盟2001年提出的莱肯指标（包含四个社会包容维度）；FGT指数；森的家庭贫困指标

资料来源：Essama – Nssah，1997；Osberg and Xu，2008；Notten and Neubourg，2011；Higuchi，2008；Ahmen，2010；左常升主编，2013；联合国开发计划署，1990、2010。

第一类绝对贫困标准，主要采用实际收入或消费水平进行度量。这种标准无论如何构造，立足点都在于识别满足个体生存的状态。如世界银行的1.25美元的日均消费标准（2008年从1美元调整为1.25美元，2015年再次调整为1.90美元，并会根据购买力平价不断调整），它实质上衡量的是低收入国家的极端贫困状况。① 还有一些发展中国家使用基于每日满足一定热量需求的消费标准，或在食品消费的基础上加入非食品消费指标，如缅甸。中国的农村贫困线在2011年提高前一直按满足人均每天摄入2100大卡热量需求进行计算。2011年中国官方对外公布的农村贫困线（人均纯收入2300元/年，2010年不变价）则是一种收入线。综合来看，这类标准简单直观，在研究发展中国家存在的极端或赤贫问题以及进行国际比较时使用较为方便。但随着一国经济发展水平的提高，这种极端贫困线将越来越不适用。另外，Osberg和Xu（2008）也指出，国际贫困线会因所使用的PPP计算方法不同而有差异，从而导致在国际比较时，各国的贫困水平

① 世界银行有两条贫困线：一条中度贫困线，用于小康社会，标准是每人每日收入2美元；另一条是绝对贫困线或极端贫困线，用于撒哈拉以南非洲等二十余个世界上最贫穷的国家，标准是每人每日收入1.25美元。

变动较大。

　　第二类相对贫困标准，常常采用一个社会中等收入水平的一定比例，如50%，作为衡量贫困的标准（Osberg and Xu，2008）。经济合作与发展组织在1976年提出以一个国家或地区社会中位收入或平均收入的50%作为这个国家或地区的贫困线，用于成员国的贫困状况对比。目前发达国家出现绝对贫困的情况极少，主要使用相对贫困线，如英国、日本、美国等。相对贫困标准在实际应用中也存在一些区别，如美国的贫困线2000年时为中等收入水平的27%，使用家庭总收入，并随着消费价格指数调整；欧盟2001年提出的莱肯指标中的金融贫困线设定为国家中等可支配收入水平的60%（Notten and Neubourg，2011）。相对贫困线会随着各国消费水平不同而有差异。而且，按相对贫困线测算的贫困人口会比按绝对贫困线测算的贫困人口多，因为相对贫困线与该经济体的经济、社会发展水平相关，相对灵活。

　　第三类组合式标准。由于使用绝对贫困或相对贫困单一标准过于简单，并不能反映贫困中的不平等问题，因而出现了一些组合式的衡量贫困的指标，以更全面地反映贫困状况。例如，联合国开发计划署（1990）在1990年的《人类发展报告》中开始使用HDI来辅助单一的消费贫困标准，它以人类发展的三个基本维度来衡量一国取得的平均成就，这三个维度分别为预期寿命、教育水准和生活质量。HDI的出发点在于，通过促进人类发展的途径，实现反贫困目的。2010年《人类发展报告》采用Alkire - Foster方法，发布了104个国家和地区的多维贫困指数（联合国开发计划署，2010）。FGT指数和森的家庭贫困指标能够同时反映贫困发生率（incidence）、贫困的深度（intensity）和穷人之间的不平等（inequality）三个方面，并可分解（Essama - Nssah，1997；Osberg and Xu，2008）。因此，这种多维贫困指数比单一的绝对贫困标准和相对贫困标准，能更好地兼顾贫困人口中存在的不平等问题。但这两种指数在实际中应用较少。这种组合式的指标，将一系列能够量化及反映不平等状况的因素纳入测算，从而实现对不同经济体的横向比较。总体来看，不论多么复杂的多维标准，仍以一定的收入或消费贫困线为基础，而且也存在主观性较强的问题（Osberg and Xu，2008）。另外，在估算贫困人口规模时，使用多维贫困指标还存在着如何加总的问题。

目前国内学界对城市贫困标准的研究，与国际研究的侧重点有所不同。至今为止，中国还没有统一的城市贫困线，因此国内学者关注的焦点是如何使城市贫困标准统一，但多数遵从的是一种绝对贫困标准。国家统计局城市社会经济调查总队在确定城镇居民的贫困标准线时，通常采用恩格尔系数法和维持生活基本需求费用两种方法（童星、刘松涛，2000）。唐钧（1997）曾提出一种综合法：首先用生活形态法来确定贫困群体，其次用市场菜篮法来确定生活必需品的清单和贫困线，最后求出收入比例和恩格尔系数作为将来调整的依据。这种方法从识别贫困群体、根据社会进步调整来说，是可取的，因为它相比热量需求法，更能接近于贫困群体的生活状态；但由于作者提出时间较早，在当时的国情背景下其计算显得相对复杂，在调查生活状态时也容易受一些客观因素影响，操作起来比较困难。安晓宁（2012）和边恕（2014）利用 ELES 模型（扩展性线性支出模型）方法对中国城镇贫困进行度量，并对最低生活保障标准进行调整。但这种方法基于对居民个体及消费需求的假设，与现实存在一定差异。童星和刘松涛（2000）利用多元回归模型来测定城市居民的最低生活保障线。杨立雄（2010）则认为马丁法最适合作为最低生活保障标准的计算方法，因为它与最低生活保障目标一致。当然，也有学者认为，中国目前的低保标准太低，应该按照国际贫困线 2 美元来测算中国的城市贫困规模（夏庆杰等，2007；王朝明、马文武，2014）。一些学者还专门针对单个城市或地区进行了分析（马清裕等，1999；周海旺，2001），这种分析通常是对一些大城市如北京、上海等进行抽样调查，通过特定分析，能够得出一些有意义的结论，但它无法反映全国的总体情况。此外，国内还有一些学者从多维贫困的视角来分析中国的城市贫困状况，试图发现使用单一标准无法反映的问题（如王小林和 Alkire，2009；杨洋、马劲骁，2012；等）。但这种方法需要调查的数据较多，况且中国的社会保障及公共服务仍处于不断完善的阶段，目前还不具备大面积推广的条件。

总之，从贫困标准的使用来看，发达国家多使用相对贫困线，发展中国家主要是使用绝对收入贫困线，收入水平或消费支出低于该线就被视为贫困人口，这与国家间经济发展水平相关。

三   中国现行城市贫困标准及其存在的问题

中国现行的国家贫困线是针对农村贫困提出的，这是一种绝对贫困标准。至今为止，中国还没有提出一个统一的城市贫困标准。从实际操作的情况来看，中国的城市最低生活保障标准实质上承担了城市贫困线的角色，但这种低保标准因存在标准不统一、标准水平低、覆盖面小等方面的局限，已经不能适应现阶段中国经济社会发展的需要。

1. 目前中国还缺乏统一的城市贫困标准

目前，中国城市反贫困的职能分散在诸多部门，各部门对城市贫困人口的范围界定差异较大，标准不一。劳动和社会保障部门把失业下岗人员和离退休职工看成贫困人口，工会系统把"基层单位特困职工"视为贫困人口，民政部门把最低生活保障对象视为贫困人口，而统计部门一般把收入分组中的最低收入组的5%确定为贫困人口（魏后凯、邬晓霞，2009）。这些贫困标准有的只针对特定类型人群，而且既有绝对贫困标准，也有相对贫困标准。在实际操作中，城市最低生活保障受众面最广、数据较完整，实质上承担了城市贫困标准的作用。这也反映出，与农村贫困相比，目前中国对城市贫困问题重视不足、缺乏统筹，贫困标准和反贫困措施呈现出部门化、碎片化的特征。

正是由于存在这种缺乏统一城市贫困标准的问题，才出现了国内学者用多种方法试图将标准统一的努力。不同学者从各自视角出发，采用基本生活法、恩格尔系数法、比例法、综合法、多元回归法等不同方法，试图得到一条统一的城市贫困线，或者对现有的城市最低生活保障标准进行改进，有的则直接采用国际上流行的2美元贫困线。而贫困标准的差异，极大地影响了对现阶段城市贫困状况和程度的判断，进而影响到城市反贫困措施的制定。

2. 城市最低生活保障标准存在诸多局限

1999年9月，国务院颁布了《城市居民最低生活保障条例》，要求各地方政府从实际出发制定自己的低保标准，从而确保了城市最低生活保障制度在全国的推广实施。目前，全国各地基本上是把城市低保标准等同于城市贫困线。用低保标准来衡量城市贫困的好处是，可以把贫困度量与社会救助政策结合起来，并考察政策执行的效果（都阳，2007）。但是，这种简单的类推方法并不能从根本上全面解决城市贫困问题，它具有诸多方面的局限。

各地城市低保标准差异较大。按照现行的制度，城市低保标准往往由各地自行制定，各地方法不统一，标准相差悬殊。特别是，各地的城市低保标准受经济发展水平、政府财力和努力程度的影响较大，地区间可比性较差。在经济发达地区，由于地方财力充裕，城市低保标准通常较高；而在经济落后地区，受制于地方自身的财力，城市低保标准通常较低。我们利用2014年各省的城市低保标准和各省当年人均一般预算公共财政收入作相关分析，结果显示二者的相关系数高达0.846。利用两组数据的对数值作图（见图2-1），这种相关关系表现更加明显：人均财政收入较高的省份，其城市低保标准也较高，二者表现出一种正相关关系。根据民政部2015年第4季度数据，最高的上海城市平均低保标准达790元/月，而最低的新疆只有349.23元/月，上海是新疆的 2.26 倍。从地市和区县水平来看，这种差距将更大。2015 年第 4 季度，在全部地市中，最高的广东深圳城市平均低保标准为 800 元/月，而最低的四川甘孜藏族自治州只有 264.68 元/月，前者是后者的 3.02 倍；在全部区县（含开发区等）中，最高与最低城市低保标准的差距则达到 4.34 倍。

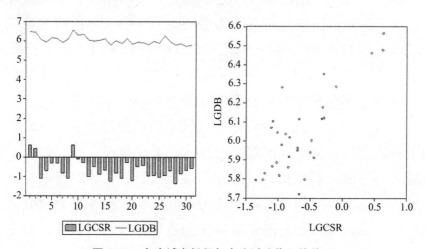

图 2-1　各省城市低保与人均财政收入的关系

注：LGDB 为各省城市低保的对数值，LGCSR 为各省人均公共预算财政收入的对数值。

数据来源：根据《中国统计年鉴（2015）》中有关数据制作。

城市低保覆盖范围较小。现实中，随着经济社会发展，城市贫困人口类型变得日益多样化，城市低保因功能和性质不同，目前还难以全部覆盖城市贫困人口。城市低保最初主要是针对国有企业体制改革出现的下岗、失业人员和"三无"人员。以 2002 年为例，下岗和失业人员就占到当年享受城市低保人群的 44.2%。再对比 2009 年和 2015 年的数据就会发现，在城市低保对象中，残疾人、老年人这样的特殊人群，以及灵活就业人员所占比重不断增加，女性群体所占比重也有所上升。到 2015 年第 1 季度，灵活就业人员接受低保的比例已经超过登记失业人群，达到 22.66%，占到第一位（见表 2-3）。

表2-3   2009 年和 2015 年城市低保来源变化

指标		总计	#女性	#残疾人	三无人员	老年人	在职人员	灵活就业	登记失业	未登记失业	在校生	其他
2009	万人	2347.74	945.01	172.57	92.75	324.5	78.32	405.55	506.67	397.66	349.41	285.68
	%	100	40.25	7.35	3.95	13.82	3.34	17.27	21.58	16.94	14.88	12.17
2015	万人	1798.49	758.46	153.45	45.58	307.32	35	407.49	290.58	392.77	249.86	115.47
	%	100	42.17	8.53	2.53	17.09	1.95	22.66	16.16	21.84	13.89	6.42
变化	百分点	0	1.92	1.18	-1.42	3.27	-1.39	5.39	-5.42	4.9	-0.99	-5.75

注：2009 年为 12 月份数据，2015 年为第 1 季度数据。
资料来源：民政部官网。

　　需要指出的是，虽然近年来城市低保的覆盖范围在不断扩大，但受城乡二元户籍制度的束缚，城镇常住的大量农业转移人口至今仍没有完全纳入城市低保范围。这一部分群体往往收入水平低且不稳定，一旦面临风险或遇到不稳定因素，将表现得更为脆弱。目前，已经有不少地区在探索按居住地来推行城市低保措施，如天津在 2012 年下发的《关于进一步做好人户分离家庭最低生活保障待遇审批工作的通知》中规定，最低生活保障制度要坚持居住地与户籍地一致的原则，人户分离的家庭具备户籍登记条件的，应当先在居住地登记常住户口，然后申请最低生活保障待遇。青岛市也在试行"户居分离"，符合条件的外来人口均可在居住地申请低保。

　　城市低保标准明显偏低。虽然城市低保标准定位于保基本，但我们利用城镇住户调查数据中低收入户（20%）的可支配收入与低保标准进行对比发现，2010 年以来，低保标准（按年计）连低收入户可支配收入的 40% 都不到（见图 2-2）。我们进一步利用城镇住房调查数据中 5% 困难户的现金消费支出构成进行比对，2012 年的数据表明，这一组别居民的最大消费支出，依次是食品（46.8%）、居住（11.9%）和文教娱乐（9.6%）；从总的调查数据来看，在居住与医疗保健两项支出中，这一组别人口的消费比例是最高的，但其文教娱乐开支项却又是各组别中比例最低的。这表明，最困难户家庭只能满足最基本的消费支出，对于提升自身及子女人力资本水平的支出只能保持在较低的水平，一旦面对生病等重大意外事故，其生活将陷入困境。即便如此，从消费支出水平来看，5%最困难户可支配收入还是要高于当年的城市低保标准，城市低保标准明显偏低。

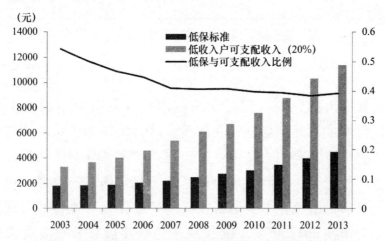

图2-2   城市低保标准与城镇低收入户可支配收入比较

资料来源：低保数据来自民政部官网，最低20%低收入户可支配收入来自《中国住户调查年鉴2014》。

3. 现有城市低保标准与经济社会发展不相适应

中国在2010年时人均GDP已达到4434美元，越过世界银行划分中等偏下与中等偏上收入经济体的分界线，跨入了中等偏上收入经济体行列。按照世界银行的划分标准，中等偏下收入与中等偏上收入经济体的分界线，2010年为人均国民总收入（GNI）3975美元，2012年为4086美元（World Bank，2011，2013）。根据世界银行提供的数据，2010年中国人均GNI为4260美元，2012年为5740美元，已经稳定跨入中等偏上收入经济体行列。同时，从城镇化水平来看，中国自2011年以常住人口口径计算的城镇化率已超过50%，2016年则达到56.1%。可以说，中国正逐步从农村型社会向城市型社会转变,并向 2020 年全面建成小康社会目标迈进。在这样的转型发展阶段,城市贫困问题必须引起高度重视,中国各地广泛使用的城市低保标准应从保基本生存向更高的层次提升。

2015 年,世界银行按照 2011 年购买力平价对国际贫困线进行了较大调整,其中极端贫困(extreme poverty)标准从此前的每人每天 1.25 美元调整为 1.90 美元,中度贫困(moderate poverty)标准从每人每天 2 美元调整为 3.10 美元。由表 2-4 可以看出,自 2005 年以来,中国各年的城市低保标准均高于按照国际购买力平价(PPP)计算的国际贫困线,但却基本上低于按照当年汇率计算的国际贫困线。由于国内学者认为 2011 年调整的 PPP 有高估中国经济增长成果的嫌疑,我们对按照 PPP 计算的标准结果持谨慎态度。从 2013 年起,城市低保标准超过了按照当年汇率计算的国际贫困线,表明中国的城市低保标准(全国平均值)越过了极端贫困线,但与小康贫困线却相差较大。虽然按照现行的城市低保标准,似乎可以认为中国的城市低保基本上实现了"保生存"的目标,已经突破了国际极端贫困线。但需要注意的是,国际贫困线是消费线,而中国的低保线为收入线,如果考虑到这一点,目前中国的城市低保标准仍然偏低,仍可认为是针对温饱的极端贫困标准(见表 2-4)。这样,就可以理解为何一些学者在研究中直接使用中度国际贫困线的做法(夏庆杰等,2007;王朝明、马文武,2014)。当然,目前中国还没有进入发达国家行列,不可能照搬发达国家直接使用相对贫困标准的做法,但现有的城市贫困标准偏低,与经济发展阶段不相符。中国要实现全面建成小康社会目标,就必须调整标准,逐步向国际贫困标准看齐。

表 2 - 4 中国城市低保标准

	当年价低保标准		国际贫困标准	
	标准值 （元/月）	标准值 （元/天）	按 PPP 计算 （元/天）	按平均汇率计算 （元/天）
2005	156.0	5.115	2.903	8.070
2006	169.6	5.561	2.970	7.809
2007	182.4	5.980	3.033	7.305
2008	205.3	6.731	4.019[a]	8.543
2009	227.8	7.469	4.031	8.535
2010	251.2	8.236	4.166	8.278
2011	287.6	9.430	6.732[b]	12.098
2012	330.1	10.823	6.879	12.098
2013	373.0	12.230	6.975	11.706
2014	411.0	13.475	7.018	11.794
2015	450.1	14.757	7.044	12.379

注：每月按 30.5 天计算。

a. 世界银行 2008 年将国际贫困线调整为 1.25 美元。

b. 2015 年 10 月世界银行将国际贫困线调整为 1.90 美元。

资料来源：城市最低生活保障数据来自民政部官方网站。国内汇率数据来自中国人民银行各年期末平均汇率。

　　总之，通过国际比较我们知道，中国已经进入了中等偏上收入经济行列，并逐步由农村型社会向城市型社会转型，城市贫困问题应当引起高度的重视。下一阶段，可以考虑根据中国的经济发展水平及城市贫困状况，逐步调整城市贫困标准；但不可能照搬发达国家的做法完全采取相对贫困标准，而应当同时使用绝对贫困与相对贫困两个标准，逐步过渡。为确保到 2020 年实现全面建成小康社会目标，需要不断调高城市贫困标准，以保障广大低收入群体能够共享经济发展的成果。

四 调整完善城市贫困标准的基本思路

中国已经进入中等偏上收入经济体行列，当前的城市低保标准偏低，不能适应城市贫困人口多样化、脆弱性增加的需要，需要超越"生存"界线提高贫困标准。同时，考虑到目前中国的反贫困措施较为分散，仅靠城市低保难以应对目前复杂的城市贫困问题。在新的发展阶段，必须建立全国统一的城市贫困线，并逐步将城市贫困纳入国家扶贫政策中，统筹城乡反贫困。

针对现有城市贫困标准存在的问题，在调整完善城市贫困标准时，我们认为需要遵循以下四个原则：首先，城市贫困对象应以城镇常住人口为依据，要根据外来务工人员的迁移类型、在城镇居住的时间、意愿、就业和收入情况等，明确将长期居住、愿意留城的外来务工人员全部纳入进来，作为城市反贫困的重要对象。其次，随着中国经济社会发展水平的提升，城市贫困标准的调整完善要有利于防范贫困的发生，而不仅仅限于解决温饱，以为制定有针对性的城市救助政策提供依据。再次，城市贫困标准要以满足基本生活为主，但这个"基本生活"应当是一个相对概念，要随着经济社会发展水平的提升而提升。考虑到目前支出占比较高的教育及医疗费用，可通过增加档次与弹性，方便识别贫困的层次，避免漏掉贫困线边缘的群体。此外，由于目前各地的城市贫困状况差异较大，从全国来看，既有小部分受困于温饱的绝对贫困，也有越来越多的因社会不平等而形成的相对贫困，因此，城市贫困标准的完善应能兼顾这两类贫困。基于这些考虑，我们提出以下调整完善城市贫困标准的基本思路。

第一，研究制定城乡统一的贫困标准。国家统计局组织开展的 2013 年城乡一体化住户调查，在统一数据口径上为城乡数据的可比性奠定了基础。此次调查统一按常住地进行概率抽样，首次将城镇住户调查与农村入户调查合并，较好地覆盖了户籍人口和流动人口。因此，可在 2013 年的住户调查数据基础上，设定全国的城市贫困标准，并实现与农村贫困线在方法上的统一，逐步将城市贫困纳入国家扶贫政策中。中央已经明确，到 2020 年现行标准下农村贫困人口实现脱贫，届时可在现有低保政策的基础上，制定涵盖城乡人口、全国统一的贫困标准，并根据各地区和城乡居民生活费用的差异进行适当调整，由此实现城乡贫困标准的一体化，在全国范围内统筹城乡反贫困工作。当前，要有计划地稳步推进城乡社会救助和低保政策的接轨，有条件的地区应该先行一步。

第二，根据热量支出计算食品线，兼顾健康需求。2014 年 6 月，中国营养学会公布了新修订的 2013 年版《中国居民膳食营养素参考摄入量（DRIs)》。这一版本增加了对一些营养元素的建议摄入量，但没有对热量值做太大的提高。虽然现代社会人们的生活习惯已经发生了变化（如户外活动时间减少），并且从事体力劳动的劳动量也在下降，但现实仍然是最贫困的人需要从事大量体力劳动，所需要的热量要高。因此，可以用 18 岁—50 岁中度活动水平男性和女性日需热量的平均值（2500 大卡）作为计算贫困标准的最低热量。[①] 另外，随着社会进步，人们对健康的需求越来越多。因此，在参考热量标准的基础上，还要考虑贫困人口维持健康（而不仅仅是生存）所需要的营养摄入，以更好地确定食物种类及数量。考虑到各地生活习惯方面的差异，应以省为单位统筹。

第三，依托城乡家庭入户调查数据，以 20% 的低收入户的生活状态为参照确定非食品消费部分。对于非食品部分，可以根据 20% 的低收入户的生活需要确定，不具备条件的地区可以考虑直

---

① 杨立雄（2010）使用 2200 大卡作为最低热量需求标准。但我们认为，此标准虽然比农村贫困标准测算中使用的 2100 大卡高，但相差不太大。贫困人口从事体力劳动的偏多，使用轻度活动热量需求标准不太适宜。

接利用恩格尔系数调整。但考虑到中国即将进入全面小康社会，不应继续使用恩格尔系数60%这一绝对贫困线。因为，近年来中国城镇及农村的恩格尔系数已经处于50%以下的水平。2013年城乡住户调查的数据显示，城镇居民恩格尔系数为35%，而农村地区为37.7%。具体可参考20%的低收入户的恩格尔系数进行调整，并增加档次（如同时使用50%和45%调整，得到高低两条非食品线），防止遗漏掉贫困线边缘的群体。

第四，贫困线调整不宜过于频繁。贫困线调整，会导致受助群体发生变化，而且核查受助者的家庭收入和财产状况的工作量较大。从美国、日本、韩国等国的生活保护制度调整周期来看，基本上都以一年为周期。在调整期内，贫困线不作调整，只采用临时价格补贴措施对受助者进行弥补，保证贫困线实际购买力不变（杨立雄，2010）。

第三章 中国城市贫困人口
规模及其特征

十八届五中全会提出要实施脱贫攻坚工程，即要在 2020 年全面小康建成时，实现农村地区 7000 万贫困人口在现行标准下的全面脱贫。但与此同时，我们对城市的贫困状况却没有清楚的认识。这一方面与国内缺少统一的城市贫困标准有关，另一方面也与目前城乡分割的管理体制有关。农村流动人口进入城市，即便已经不再返回原籍也不被纳入城市贫困的考虑范围，致使大量流动人口在城市处于贫困状态却不能享受到相应的社会保障。因此，在新的发展阶段，拓展对城市贫困内涵的理解，准确把握城市贫困的现状十分必要。

一 中国城市贫困人口规模估算

中国目前缺乏统一的城市贫困标准，因此对城市贫困规模的估算，会因所用标准不同而有差异。

1. 城市户籍贫困规模估算

鉴于城市低保实际上承担了城市贫困标准的功能，首先用城市低保的标准估算城市贫困规模情况。从图 3-1 可以看出，从 2002 年以后，享受城市低保的人口规模一直在 2000 万左右，且自 2009 年以来出现稳中有降的趋势。城市低保标准年增长率较高时，低保人口规模也较高；低保标准的高低对城市低保人口规模有很大的影响。2012年以来，以不变价计算的城市低保标准年增长率有下降的趋势，城市低保人口规模也在相应地下降。这表明，城市贫困人口规模的下降，一定程度上受城市低保标准下降的影响。但总体来看，城市低保衡量的城市贫困人口呈现稳中有降的趋势。

对比2008年和2015年第一季度各地区的城市低保人口规模可以发现（见表3-1），除了江西、云南、西藏和新疆四个省份的城市低保人口增加以外，其余省份都在减少，其中，吉林、辽宁、湖北和重庆各减少了40万人以上，全国共计减少了536.3万人。2008年国际金融危机以来，中国经济逐步进入新常态，各地财政税收增长受到一定影响。对这种因财政税收增幅下降对城市贫困人口规模的影响还需要进一步研究。而且，考虑到城市低保标准受各地财政约束偏低，按此标准不可能完全覆盖所有的城市贫困人口。

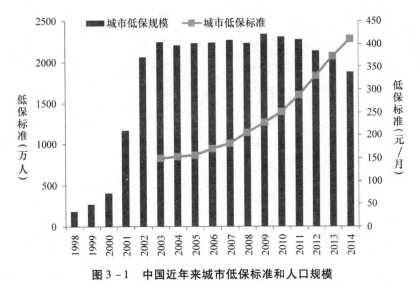

图3-1　中国近年来城市低保标准和人口规模

资料来源：根据历年《国民经济与社会发展统计公报》和《中国统计年鉴（2014）》有关数据整理。

表 3 - 1　　　　中国各地区城市低保人口规模变化情况（万人）

地区	2008 年	2015 年	变化情况
全国	2334.79	1798.49	-536.30
北京市	14.51	8.58	-5.93
天津市	15.63	13.45	-2.18
河北省	93.51	58.32	-35.20
山西省	91.9	63.09	-28.81
内蒙古自治区	85.06	67.21	-17.85
辽宁省	137.42	75.83	-61.59
吉林省	127.89	73.47	-54.42
黑龙江省	152.52	124.20	-28.32
上海市	34.08	18.17	-15.91
江苏省	46.04	29.65	-16.39
浙江省	9.28	6.30	-2.98
安徽省	99.35	68.64	-30.71
福建省	19.57	13.65	-5.92
江西省	95.06	98.10	3.04
山东省	60.91	41.68	-19.23
河南省	146.27	115.33	-30.94
湖北省	143.85	101.76	-42.09
湖南省	145.06	131.55	-13.51
广东省	39.67	30.38	-9.29
广西壮族自治区	57.33	42.91	-14.42
海南省	17.79	10.14	-7.65
重庆市	78.78	37.88	-40.90
四川省	185.74	165.43	-20.31
贵州省	54.52	46.18	-8.34

续表

地区	2008 年	2015 年	变化情况
云南省	85.83	99.15	13.32
西藏自治区	3.71	4.64	0.93
陕西省	84.46	55.58	-28.88
甘肃省	89.9	78.63	-11.27
青海省	22.02	18.32	-3.70
宁夏回族自治区	20.75	15.78	-4.97
新疆维吾尔自治区	76.35	84.50	8.15

注：2015 年为第一季度数据。

资料来源：根据《中国民政统计年鉴（2009）》和民政部官方网站公布的数据整理。

根据世界银行（1993）早期的研究，1981—1990 年中国城市贫困人口在 50 万—390 万之间，贫困发生率平均为 0.5%。由于目前中国没有统一的城市贫困标准，国内学者们在研究中利用各种不同的测算方法进行估算，但估算结果差异极大（见表 3 - 2 - 1 及表 3 - 2 - 2）。对比这些测算结果，可以发现：一是学者们对相同年份所测算规模要远高于依据城市低保标准得到的贫困人口规模；二是根据消费支出测算的贫困人口规模要远远大于以收入标准测算的规模；三是受数据限制，测算中没有包括城市中大量的流动人口，大量进城农村外来人口中的贫困人口无法得到准确的统计，一定程度上低估了城市贫困人口规模。目前，对流动人口的估算多采用对个别地区抽样的方法，来获取流动人口（主要考虑其中的迁移人口部分）[1] 的贫困状况，但多属于统计描述性分析，无法掌握其规模和分布情况。

———————

[1] "迁移"人口相比"流动"人口更为稳定，这里所用"城市贫困"概念包括城镇常住人口部分。

表 3 - 2 - 1　　　　　　　　　城市贫困人口规模测算汇总

	估计年份	测算规模（万人）	使用方法
任才方（1995）	1994	1300	采用比例法和基本生活费用价格指数相结合的方法计算贫困线，再利用住户调查资料计算收入低于贫困线的居民家庭和个人的绝对规模
国家统计局城市调查总队（1997，2002）	1995/2000	2428/1050	依据全国城镇人口贫困线，得出贫困线以下的居民比重，然后推算全国城镇贫困居民总体规模，之后调整为基期贫困线法
李若建（1998）	1995	2752	根据收入 10 等分和 5 等分组资料估算
唐钧（2001）	1997	1500	从下岗、失业、无业、退休人员及民政部门传统救济对象等多方面估算
中国城市贫困问题研究课题组（2002）	2001	1470/3710	人均收入标准/人均支出标准
朱庆芳（2002）	1998	3056	下岗职工、登记失业人员、被拖欠退休金的离退休人员及其赡养的家庭人口（按 2 人计）、民政部供养的孤老残幼
蔡昉（2003）	1998	3710	人均支出法
邓新华（2008）	2006	>3300	当年城市低保人数 2240 万人，加上在全国城镇居民中"应保未保"的对象将近 1100 万
骆祚炎（2006）	2000—2004	2295、2883、3766、3912、4071	将城镇居民按照可支配收入分为 7 组，根据扩展的居民线性支出系统（ILES）计算出贫困发生率，以此为依据计算出城镇贫困人口
2011 年《城市蓝皮书》	2009	约 5000	比例法与区域差异相结合的城镇贫困人口数

表 3 - 2 - 2　　　　　　　　　城市贫困发生率测算汇总

	估计年份	贫困发生率（%）	使用方法
都阳（2007）	2005	9.4	低收入者的支出上限
世界银行（1990，2007）		根据标准和年份不同	国际贫困线（消费支出）：每天生活在不足 1 美元的人口/每天生活在不足 2 美元的人口国家贫困线的贫困发生率小于 2%（1996、1998）；国际贫困线的贫困发生率 18.5%、53.7%（1998、2001）
夏庆杰等（2007）	2002	8.52	2 美元国际贫困线
Ravallion &Chen（2004）	2002	2.88	以 2100 大卡热量需求为标准

资料来源：根据邓新华（2008）、魏后凯和邬晓霞（2009）、夏庆杰等（2007）、都阳（2007）、世界银行（1990、2007）整理。

2. 包含流动人口的城市贫困规模估算

近年来，人口迁移已经成为推动中国城镇化进程的重要力量。但目前国内对城市外来务工人员的贫困测算较少，主要是借助于抽样调查的方式进行估算。从这些研究[①]结果来看，流动人口的贫困率要高于当地城市居民，而且加入流动或迁移人口以后城市贫困发生率会提高、城市贫困规模也明显增大。如都阳（2007）的研究表明，流动人口贫困率要稍高于城市当地居民的贫困率，分别为 10.3% 和 8.7%，相差 1.6 个百分点。李善同（2002）的研究结果表明，全国流动人口平均贫困率为 15.2%，这一数据要比都阳（2005）的结果高，而且还发现一些城市的流动人口贫困率甚至超过 20%，流动人口的平均贫困率比城市户籍人口的平均贫困率高出 50% 左右。马春晖（2005）根据实际情况和一般的生活费用标准，用全国人均生活费用指标作为划分城市贫困人口的标准，同时考虑到从农村流入城市的劳动人口，测算得到 2003 年贫困发生率为 11%，城市贫困人口有 6000 万，与骆祚炎对同一年份测算的城镇贫困规模相差 2100 万（骆祚炎，2006）。

我们借助已有的研究，对当前的城市贫困规模进行估算。根据都阳（2007）的调查研究，流动人口的贫困发生率略高于城市居民的贫困发生率，但大致相当。这主要是由于流动人口在城市与农村间流动，其在城市的贫困是选择的结果。当他们在城市生活水准非常低的时候会选择返乡。王美艳（2011）的研究也表明，流动人口的收入，有的甚至要高于本地居民。这主要是由于他们往往劳动时间长、劳动强度大，但单位时间的收入可能要低

---

① 这些研究大多使用"流动人口"概念，但实际上"流动人口"往往具有不稳定性。只有具备稳定性，实现迁移的人口才可能成为城镇常住居民。本章下面的分析尽量使用"迁移"层面的数据。

于本地居民。另外，即便是依据 2 美元国际贫困标准测算的城市贫困率也在 8.5% 以上。①

基于此，我们从收入视角以 8%—10% 的贫困率进行保守估计。2014 年全国城镇人口规模为 7.49 亿，那么城市贫困人口为 6000 万—7500 万，其中户籍贫困人口在 1800 万左右，流动贫困人口则在 4200 万—5700 万。

根据本书的调查结果（详见第五章），按照当地居民当年人均消费支出的 50% 的贫困标准，贫困发生率约为 20.15%。按照外来务工人口 20% 的贫困发生率进行估算，2014 年全国农民工总量约 2.74 亿，外来务工人员贫困人口约 5500 万人。该估计结果处在前述估计区间，具有较好的可信度。

二 中国城市贫困特征分析

根据以上分析，并结合已有的研究，中国城市贫困主要表现出以下三个特征。

1. 流动人口日益成为城市贫困的重要来源

按低保标准衡量的中国城市极端贫困人口在 2002 年后一直稳定在 2000 万人左右，近年来还出现了稳中下降的趋势，表明城市绝对贫困人口在减少。2014 年，中国城市低保人口有 1877 万。但是，由于这一标准衡量的是极端贫困，且不包括流动人口，其对城市贫困的覆盖范围有限。前面提到的对流动人口贫困状况的研究都表明，流动人口的贫困发生率要高于当地城镇居民的贫困发生率。根据最新的数据，2014 年全国人户分离的有 2.98 亿人，其中流动人口为 2.53 亿人，约为 1982 年（657 万人）的 39 倍。2014 年全国农民工总量 27395 万人，其中外出农

---

① 2015 年 10 月，世界银行将国际贫困标准由 1.25 美元和 2 美元分别调整为 1.90 美元和 3.1 美元。

民工 16821 万人。中国近年来城市人口自然增长保持稳定，城镇
化水平的提升很大程度上是由这些流动或乡城迁移人口推动的
（见图3－2）。所以，城市贫困必须将以外来务工人员为主体的
流动人口涵盖进来。

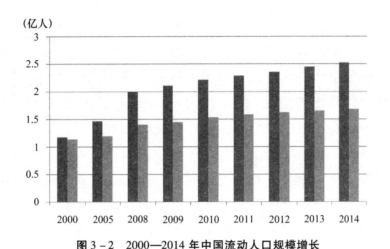

图3－2　2000—2014年中国流动人口规模增长

注：图中流动人口规模指离开户籍地并在居住地超过半年的人口，不包括市辖区内人户分离
人口。农村户籍劳动力指离开农村户籍地并在居住地超过半年的务工人员，不包括在村外乡内务
工人员。

数据来源：蔡昉主编，《中国人口与劳动问题报告（2002、2006）》，社会科学文献出版社；
《中国流动人口发展报告（2010、2011、2012、2014）》，中国人口出版社；《2013年中国流动人
口发展分省报告》，中国人口出版社；中国人口普查资料（2000、2010），中国统计出版社；
《2013年全国农民工监测调查报告》和《2014年国民经济与社会发展统计公报》。

2. 贫困人口类型日益多样化，贫困问题更为复杂

随着城镇化进程中大量人口的迁移，以及老龄化进程的加
快、中国传统家庭模式破裂，城市贫困问题正变得更为复杂多
样。一方面，近年来出现老龄人口、残疾人员、女性以及灵活就
业和失业人员贫困的增长。对比2008年与2015年城市低保分类
数据，可以发现（见表2－3）：女性贫困人口比重提高了4.4个
百分点，而老年人、灵活就业及未登记失业群体的比重分别提高
了5.09、9.32和7.68个百分点；与此相对应的是，传统的"三

无"人员、登记失业人口的占比都出现不同程度的下降。另一方面，随着流动人口的增长，其举家迁移的趋势日益明显。自2008年有监测数据以来，中国农村外出务工人员规模年均增长率为3.86%，但增长率呈现逐年下降的趋势。以2008年为基准，2009年至2013年各年的增长率分别为1.93%、5.42%、4.36%、3.89%和2.14%。与此相反，举家迁移的外出人员规模增长最快，年均增长率为4.66%。这种举家迁移与之前以亲情割裂为代价的个体迁移相比，更为人性化、合理化，代表了整个社会的进步。外出流动人口因权益得不到保障出现的多维贫困状态，很容易对下一代产生影响，出现代际贫困。

贫困人口类型的多样化、贫困情况的日益复杂化，要求反贫困措施更为精细化、更有针对性，并与相关的社会保障及救助措施一起形成一道反贫困网。需要注意的是，新时期反贫困应重在防范贫困的发生，而不是在贫困发生后的解决，因为后者的成本相对更高。

3. 城市贫困呈现出一定的空间分异特征

从户籍人口的贫困状况来看，中西部地区的城市贫困发生率较高。梁汉媚和方创琳（2011）曾利用2009年民政部数据，将全国31个省份划分为五个等级：基本脱贫区、低度贫困区、中度贫困区、高度贫困区和剧烈贫困区。其中，基本脱贫区的贫困发生率在2%以内，而剧烈贫困区则大于8%（见表3-3）。从大的板块来看，中西部地区的城市贫困发生率较高，但主要集中在西部和东北的新、青、甘、宁、川、内蒙古、黑和吉八个省份，中部地区多处于中度贫困状态；东部地区经济发展水平较高，其贫困状况也相对乐观，基本上处于低度贫困或脱贫区。

需要指出的是，由于该文所使用的计算方法存在问题，使得这一结论有偏。这是因为，文章在测算城市贫困发生率时，所用贫困人口为民政部公布的城市低保人口（户籍口径），而城镇人口为常住人口口径。这样就存在低估流入人口较多的城市的贫困率以及高估流出人口较多城市的贫困率的问题。由于目前全国没有统一的城市贫困标准,我们无法得到各个省份真实的城市贫困规模及贫困发生率(以常住人口为口径),从而也难以准确判断贫困的空间分布格局。

表3－3　　　　　　　　中国各省份城市贫困的类型划分

类型划分	贫困发生率	范围
基本脱贫区	2%以内	北京、天津、江苏、浙江、福建、山东、广东
低度贫困区	2%—4%	河北、上海、安徽、广西
中度贫困区	4%—6%	辽宁、山西、江西、河南、湖北、湖南、河南、重庆、贵州、云南、西藏、陕西
高度贫困区	6%—8%	内蒙古、黑龙江、四川、宁夏
剧烈贫困区	>8%	吉林、甘肃、青海、新疆

资料来源:根据梁汉媚、方创琳(2011)整理。

城市贫困人口在空间分布上表现一定的集中特征。李若建(1998)曾比较了1985—1995年期间全国城镇中贫困与富裕人口的空间分布,指出城镇富裕人口主要集中在东部、贫困人口集中在中西部地区,并且情况在进一步恶化。贫困的发生直接受经济发展的影响,因而得出这种结论基本符合人们的经验判断。

近年来,大量流动人口的跨区域迁移也影响了城市贫困的空间分布。改革开放30多年来,人口大规模跨区域流动,对塑造城市经济发展格局进而影响城市贫困的空间分布起到了重要作用。根据最新公布的农村劳动力的流动数据(见表3－4和表3－5),东部地区自身外流人口相比中西部地区要少,同时又承载了大量来自中西部地区的流动人口。2009年和2014年,东部地区有约80%的人口在省内流动,而中西部地区则有一半以上的人口跨省流动,并且主要是流向东部地区。另外,大城市由于经济实力较之中小城市要强,其吸引的流动人口占比较大。2014年

77%的跨省外出农民工选择了地级及以上城市作为目的地，比2009年提高了约14个百分点，而省内流动的农民工中接近一半选择了小城镇实现就近迁移。

表3-4　　　　　　　　外出农村劳动力分布及构成变化

	2009 年		2014 年	
	跨省流动（%）	省内流动（%）	跨省流动（%）	省内流动（%）
合　计	51.2	48.8	46.8	53.2
东部地区	20.4	79.6	18.3	81.7
中部地区	69.4	30.6	62.8	37.2
西部地区	59.1	40.9	53.9	46.1

资料来源：根据全国农民工监测调查报告（2009、2014）中有关数据整理，国家统计局网。

表3-5　　　　按城市类型分的外出农村劳动力流向地区及分布

		合计	直辖市	省会城市	地级市	小城镇	其他
2014 年外出农村劳动力总量（万人）		16821	1359	3774	5752	5864	72
跨省流动		7867	1107	1783	3163	1742	72
省内乡外流动		8954	252	1991	2589	4122	0
外出农村劳动力分布构成（%）	2009	100.0	9.1	19.8	34.4	32.3	4.4
	2014	100.0	8.1	22.4	34.2	34.9	0.4

资料来源：同表3-4。

可以大致判断：首先，东部地区由于经济发展水平较高，其自身解决贫困的能力相对中西部地区强。但由于国内流动人口在全国各区域的不平衡分布，一定程度上又出现了中西部地区（主要是）农村贫困向东部城市的空间转移。另外，中西部地区，尤其是西部地区工业化进程滞后、经济发展水平低，导致城市贫困的发生率较高；中部地区一些资源性城市以及国企包袱较重的城市，城市贫困发生率也较高。通过数据分析还发现，2014 年中部和西部地区跨省流动人口占比相比 2009 年分别下降了 6.6 和 5.2 个百分点。我们预测，随着中西部地区城镇化进程的加快，其吸引人口回流的力度将不断加大，在一段时期后，东部地区人口迁入的速度将会出现稳中有降的趋势。届时，总人口与贫困人口分布不一致的状况将有望得到一定程度的缓解。

从城市内部来看，城市贫困人口往往集中在城中村、城郊村、棚户区等地，并形成空间或区位上的固化。这类研究多数以典型城市如北京为例，其研究结果表明，这些新迁入的贫困人口主要聚集于城市的城郊村、村乡结合部以及工地工棚，如北京的"浙江村"、唐家岭（已拆）等，形成外来贫困人口相对集中的移民贫困区。① 这些地区，也最易成为城市重点改造的地区，从而造成贫困人口进一步向城市外围转移，导致其生存状况进一步恶化。

---

① 更多文献可参阅苏勤、林炳耀（2003）、郑文升等（2007）等相关文献。

第四章 中国农业转移人口状况及市民化进程

中国农业转移人口规模大、市民化程度低，这是中国城镇化的最大特色。深刻把握农业转移人口的规模、特点及其市民化状况，是提出科学合理的市民化战略，制定切实可行的市民化政策、贫困治理措施的基础和前提条件。

一 当前中国农业转移人口规模与特征

1. 外出农民工数量增幅开始放缓

现阶段，中国的农业人口转移正处于转型阶段。回顾改革开放以来农业人口转移的历史，受中国宏观经济以及宏观政策的影响，农业转移人口中外出农民工增长表现出明显的阶段特征，大体可以分为六个阶段（见图4-1）：

第一阶段为20世纪80年代的就近转移期。改革开放初期，农村家庭承包责任制解放大量农村劳动生产力，大量农民进入乡镇企业务工，开创了"离土不离乡"的农村劳动力转移模式，外出农民工从1983年的约200万人增长到1989年的3000万人，年均增长约500万人。

第二阶段为20世纪90年代前期的跨省转移期。随着沿海地区经济快速发展创造大量的就业机会，以及邓小平南方谈话以后中国向市场经济的快速转轨，农业转移人口大幅增加，至1995

年外出农民工达 7000 万人，年均增长近 700 万人。

第三阶段为 20 世纪 90 年代后期的缓慢增长期。在农民进城务工、城镇新增劳动力就业、下岗失业人员再就业等城镇就业压力下，一些城市对招用农民工采取限制性措施，农业转移人口增幅放缓，到 2000 年全国外出农民工仅 7849 万，年均仅增长约 170 万人。

第四阶段为 2001 年至 2002 年的补偿性反弹期。在"十五"计划关于"取消对农村劳动力进入城镇就业的不合理限制，引导农村富余劳动力在城乡、地区间的有序流动"的政策①引导下，农业转移人口增长出现补偿性反弹，其中 2001 年外出农民工达到 8399 万人，2002 年达 10470 万人，分别比上年增长 550 万和 2071 万人。

第五阶段为 2003 年以来的快速稳定增长期。在连续性政策的鼓励和引导下，农业人口转移进入稳步增长阶段，到 2012 年外出农民工达 16336 万人，年均增长约 600 万人。自 2003 年农业人口转移进入稳步增长阶段以来，城镇中外来农民工（按 95.6% 估算②）占城镇人口的比重基本稳定，平均约为 21.5%，2012 年为 21.9%；城镇中外来农民工对城镇化率的贡献以平均每年 0.37 个百分点的速度增长，从 2002 年的 7.8 个百分点增长到 2012 年的 11.5 个百分点。

---

① 在国家"十五"计划纲要发布之前，2000 年年初劳动部办公厅提出《关于做好农村富余劳动力就业工作的意见》，同年 6 月中共中央、国务院发布《关于促进小城镇健康发展的若干意见》，7 月劳动部等部委和国务院发展研究中心发出《关于进一步开展农村劳动力开发就业试点工作的通知》，均提出要促进农业人口转移、取消农民进城就业的不合理限制，之后 2001 年年底国家计委要求在 2002 年 2 月底前取消面向农民工的七项收费，这些政策和规划共同促成了 2001—2002 年农业转移人口的补偿性增长。

② 2009 年，全国外出农民工中有 95.6% 在城镇就业（国家统计局农村司，2010）。

第六阶段为 2013 年以来的逐步放缓期。在特大城市承载力问题日趋严峻，国家鼓励就地就近城镇化和返乡创业就业的背景下，外出农民工增幅放缓，2013—2014 年，外出农民工年均增长仅约 240 万人，到 2014 年为 16821 万人。

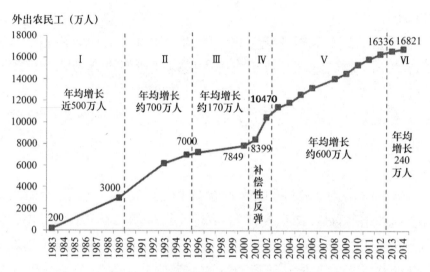

外出农民工（万人）

图 4-1　中国外出农民工增长阶段与趋势

资料来源：1983、1989 和 1993 年数据源自国务院研究室课题组（2006），1996、2006 年数据源自两次全国农业普查数据，2008—2011 年数据源自国家统计局（2012），其余年份为国家统计局调查数据。

2. 外出农民工的特点

（1）外出农民工中举家外出农民工所占比重维持在 1/5 左右

农业转移人口的家庭特征主要包括举家外出和独自外出两类。根据国家统计局调查数据，从 2008 年到 2014 年，举家外出农民工与住户中外出农民工的比例一直在 1：4 左右，举家外出农民工占外出农民工的 1/5 左右（见图 4-2）。总体来看，近年来，举家外出农民工比重有所上升，从 2008 年的 12.7% 提高到了 2014 年的 13.1%。

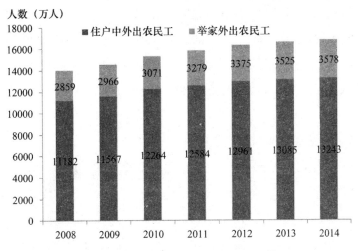

图4-2 2008—2014年外出农民工的家庭特征

数据来源：历年农民工监测报告。

（2）外出农民工以青年男性为主，受教育程度较低

自2008年以来，农民工的性别比例相对稳定，男性约占2/3，其中2014年男性占67.0%（国家统计局，2015）。从年龄特征来看，农民工以青壮年为主，20—50岁的农民工比重基本稳定在80%左右，16—20岁占3.5%，50岁以上的农民工占17.1%。从受教育程度来看，各类农民工中初中及以下受教育程度占3/4左右，而且学历状况基本稳定。2014年，在外出农民工中，初中及以下受教育程度的占74.0%，其中初中文化程度的占61.6%，小学文化程度占11.5%，未上过学的占0.9%（国家统计局，2015）。

（3）东部地区是外出农民工的主要接受地，但其比重有所下降

长期以来，东部地区一直是外出务工人员的主要目的地，而中西部地区则是外出农民工的主要流出地。2014年，根据国家统计局（2015）数据，在全国1.68亿外出农民工中，70.3%来自中西部地区。这意味着大量外出农民工从中西部到东部尤其是珠三角和长三角去务工就业。近年来，随着中西部地区的快速发

展，东部地区吸纳外出农民工就业的比重迅速下降，中西部地区所占比重不断提升。特别是，跨省外出的农民工数量减少，农民工以跨省外出为主的格局开始改变。2014 年，跨省外出农民工为7867 万人，占全国外出农民工的 46.8%，比 2008 年减少了 6.5个百分点。

（4）农民工就业集中在制造业、建筑业、传统服务业等行业

由于外出农民工受教育程度低，工作技能缺乏，其就业往往集中在制造业、建筑业、传统服务业等对工作技能要求不高的行业。据国家统计局（2014）调查，农民工就业长期以制造业、建筑业和传统服务业为主，2014 年这三大行业从业人员分别占31.3%、22.3% 和 37.1%，合计达 90.7%。在传统服务业中，居民服务和其他服务业占 10.2%，批发零售业占 11.4%，住宿餐饮业占 6.0%，交通运输仓储和邮政业占 6.5%。

二 当前中国农业转移人口市民化状况

1. 城镇化率与非农业人口占总人口的比重差距较大

从户籍的角度来看，市民通常是指在城镇居住且拥有本地非农业户口的城镇居民。中国户籍制度将居民分为农业户口和非农业户口，非农业户口人口能享受城镇诸多权利和福利待遇，而进城农业转移人口虽然被统计为城镇常住人口，但目前并不能完全享受市民待遇。因此，在资料可得的情况下，大体可以用本地城镇非农业户口人口占总人口比重来度量市民化率。2014 年，按城镇非农业户口人口计算的市民化率为 36.9%，东部和中部地区市民化率与城镇化率差距最大。

分地区来看，市民化率最高的地区是东北地区，为 48.1%，其中辽宁、黑龙江、吉林分别为 49.8%、48.0%、45.3%；东部地区市民化率为 43.0%，其中上海、北京和天津分别为 53.6%、50.7% 和 42.5%，其他省份的市民化率较低（见图 4-3 和表 4-

1）。中西部地区的市民化率最低，分别只有28.3%和33.8%。

一般说来，没有实现市民化的城镇化是一种不完全的城镇化。这样，我们可以把常住人口城镇化率与市民化率的差距称之为不完全城镇化率，即未完全实现市民化的城镇常住人口占总人口的比重。2014年，中国不完全城镇化率大约为17.9%。分地区来看，东部和中部地区不完全城镇化率最高，分别达20.6%和21.5%，东北和西部地区的不完全城镇化率较低，只有12.7%和13.6%（见表4-1）。

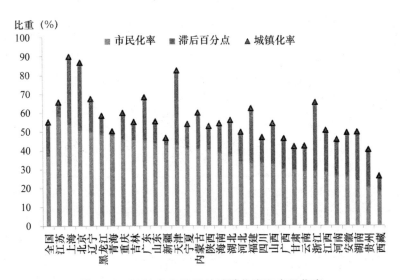

图4-3 2014年各地区的城镇化率和市民化率

注：城镇化率为城镇常住人口占总人口的比重；市民化率为城镇非农业户籍人口占总人口的比重。

资料来源：根据《中国人口与就业统计年鉴（2015）》计算与绘制。

表4-1 2014年各地区的城镇化率、市民化率和不完全城镇化率 （%）

地区	城镇化率	市民化率	不完全城镇化率	地区	城镇化率	市民化率	不完全城镇化率
全国	54.8	36.9	17.9	河南	45.2	26.4	18.8
东部	63.6	43.0	20.6	辽宁	67.1	49.8	17.2
东北	60.8	48.1	12.7	广西	46.0	30.1	15.9

续表

地区	城镇化率	市民化率	不完全城镇化率	地区	城镇化率	市民化率	不完全城镇化率
中部	49.8	28.3	21.5	河北	49.3	33.7	15.6
西部	47.4	33.8	13.6	海南	53.8	38.2	15.6
天津	82.3	42.5	39.7	重庆	59.6	45.9	13.7
浙江	64.9	28.7	36.2	四川	46.3	33.1	13.2
上海	89.6	53.6	36.0	云南	41.7	28.7	13.0
北京	86.4	50.7	35.6	宁夏	53.6	40.6	13.0
福建	61.8	33.3	28.5	陕西	52.6	40.3	12.3
湖南	49.3	23.7	25.5	甘肃	41.7	29.4	12.3
安徽	49.2	25.9	23.3	山东	55.0	43.8	11.2
广东	68.0	45.0	23.0	黑龙江	58.0	48.0	10.0
江西	50.2	28.2	22.0	吉林	54.8	45.3	9.5
山西	53.8	32.7	21.1	西藏	25.8	17.7	8.0
贵州	40.0	20.2	19.8	江苏	65.2	58.1	7.1
湖北	55.7	36.7	19.0	新疆	46.1	42.6	3.4
内蒙古	59.5	40.6	18.9	青海	49.8	47.7	2.1

注：不完全城镇化率为未完全实现市民化的城镇常住人口占总人口的比重。

资料来源：根据《中国人口与就业统计年鉴（2015）》计算。

2. 农业转移人口市民化程度仅有 40% 左右，与城镇居民差距较大

农业转移人口市民化就是农业转移人口转变为市民的过程，也即变农民为市民的过程。具体而言，是指从农村转移到城镇的人口，在经历城乡迁移和职业转变的同时，获得城镇永久居住身份、平等享受城镇居民各项社会福利和政治权利成为城镇居民的过程。农业转移人口市民化并不仅仅意味着将农业户口改为城镇户口，而是包含着多方面的丰富内涵。它是农业转移人口在取得城镇户籍的基础上，在政治权利、劳动就业、社会保障、公共服务等方面享受城镇居民（市民）同等待遇，并在思想观念、社会认同、生活方式等方面逐步融入城市的过程。因此，实现农业转

移人口市民化将是一个漫长的历史过程。

除社会身份转变和社会认同外，我们从政治权利、公共服务、经济生活条件、综合文化素质四个方面出发，构建了一个农业转移人口市民化程度综合指数，用以评价农业转移人口在市民化各个方面与城镇居民（市民）的差距。首先选取相应的指标并运用专家打分法对相关指标赋权，构建农业转移人口市民化程度综合评价指标体系，同时选取相应的标准值，在计算每项指标差距的基础上，通过加权计算出农业转移人口市民化的实现程度。其中，每个指标的差距情况计算公式为：$p_i = x_i / X_i$，p_i 表示单个指标的差距情况，x_i 为实际值，X_i 为标准值。农业转移人口市民化程度综合指数计算公式为：$P = \sum\limits_{1}^{n} p_i \times \omega_i$，其中 P 表示农业转移人口市民化程度综合指数，ω_i 表示指标权重。各个分项市民化程度的计算公式为：$P_j = \sum\limits_{j1}^{jk} p_{ji} \times \omega_i / \sum\limits_{j1}^{jk} \omega_i$，其中 P_j 表示第 j 分项市民化程度，p_{ji} 为第 j 分项第 i 个指标的状况，ω_i 为第 i 个指标的权重，$\sum\limits_{j1}^{jk} \omega_i$ 为第 j 分项总权重。

据此，魏后凯、苏红键（2013、2014）评价了 2011 年和 2012 年中国农业转移人口的市民化程度，主要是对农业转移人口享受市民待遇情况进行考察。研究结果发现，2012 年中国农业转移人口市民化程度综合指数为 39.63%，农业转移人口在公共服务、经济生活、文化素质等方面与城镇居民的差距基本与 2011 年的评价结果 39.56% 持平（见表 4 - 2）。总体来看，目前中国农业转移人口市民化程度综合指数在 40% 左右，农业转移人口在政治权利、公共服务、经济生活、文化素质等各个方面与城镇居民的差距均较大。

表 4 - 2　　　　　　　　2012 年农业转移人口市民化程度综合评价

标准	指标	2012 年进程				2011 年进程
		权重	标准值	数值 x_i	进程 p_i	
公共服务方面 (44.49%)	1. 子女接受公办教育比重	10	1	40.08%	40.08%	39.20%
	2. 签订劳动合同比重	10	1	43.90%	43.90%	43.80%
	3. 城镇社会保险参与率					
	3.1 养老保险参与率	10	42.75%	14.30%	33.45%	33.82%
	3.2 工伤保险参与率	5	26.71%	24.00%	89.87%	92.19%
	3.3 医疗保险参与率	10	75.36%	16.90%	22.43%	24.38%
	3.4 失业保险参与率	2	21.39%	8.40%	39.27%	38.65%
	3.5 生育保险参与率	3	21.68%	6.10%	28.14%	27.86%
	4. 住房保障[a]					
经济生活方面 (50.21%)	5. 月平均工资	10	3897 元	2290 元	58.76%	58.83%
	6. 自购住房或独立租赁比重	10	1	14.10%	14.10%	15.00%
	7. 人均月消费支出[b]	5	1862	1032	55.42%	55.42%
文化素质方面 (38.30%)	8. 高中/中专及以上文化人口比重	5	50.00%	26.50%	53.00%	50.99%
	9. 大专及以上文化人口比重	10	25.20%	7.80%	30.95%	27.96%
	10. 工作技能水平[a]					
政治权利方面 (37.20%)	11. 选举权与被选举权[a]					
	12. 参与社区管理[a]					
	13. 党团员中参加党团组织活动比重[b]	10	1	37.20%	37.20%	37.20%
	农业转移人口市民化程度综合指数 ($\sum_1^n p_i \times \omega_i$)	39.63%				39.56%

注：(1) a 为数据缺乏。(2) b 为缺乏新数据，维持原有进程的指标。(3) 标准值以 2012 年城镇居民相关指标的平均值为标准，其中：城镇社会保险参与率标准值为各类社会保险参保人数与城镇人口之比；月平均工资和人均月消费支出的标准值为城镇单位就业人员平均工资和平均每人现金消费支出；高中/中专及以上文化人口比重和大专及以上文化人口比重标准值分别为城镇就业人员中高中及以上文化人口比重合计和城镇就业人员中大专及以上文化人口比重合计。

数据来源：根据《中国统计年鉴 (2012—2013)》、《中国人口和就业统计年鉴 (2012—2013)》、2011 年和 2012 年全国农民工监测调查报告计算。

　　首先，农业转移人口的政治参与水平很低。考虑到在户籍制度约束下，农业转移人口在选举权、被选举权和社会管理等方面基本没有参与机会，根据数据的可获得性，选取"党团员中参加党团组织活动比重"作为衡量农业转移人口政治参与水平的参考指标。根据国务院发展研究中心课题组（2011）的调查数据，"党团员中参加党团组织活动比重"约为37.20%。

　　其次，农业转移人口享受基本公共服务权利的比重较低。从农业转移人口子女教育、就业、医疗、社会保险、保障性住房等方面的指标来看，2012年农业转移人口在公共服务方面享受的权益平均仅为城镇居民的44.49%，实现基本公共服务城镇常住人口全覆盖任务艰巨。其中，在子女教育方面，虽然2003年国务院就颁布了《关于进一步做好进城务工就业农民子女义务教育工作的意见》，但由于公办学校教学资源不足，难以满足农业转移人口随迁子女教育需求。根据国务院发展研究中心课题组（2011）的调查，仅有39.2%的农民工子女在务工地公办学校接受教育，9%在务工地民办学校接受教育，51.8%在老家接受教育成为留守儿童；就业方面，根据国家统计局（2013）调查数据，外出受雇农民工与雇主或单位签订劳动合同的比重为43.90%；在社会保险方面，2003年出台的《工伤保险条例》使农民工的工伤保险参保率较高，2012年为24.00%，与城镇就业人员工伤保险参与率（26.71%）非常接近，但在养老和医疗保险方面，由于新农保和新农合的存在，再加上养老和医疗保险的接续、流转、异地结算等制度问题没有解决，从而导致农业转移人口的城镇社会保险参与率整体较低。2012年，外出农民工养老保险、医疗保险、失业保险、生育保险的参与率分别为14.30%、16.90%、8.40%、6.10%，而同期城镇人口分别为42.75%、75.36%、21.39%、21.68%。

　　第三，农业转移人口的经济生活条件仅为城镇居民平均水平的一半。从农业转移人口月平均工资、居住状况、人均消费支出等指标来看，2012 年，衡量农业转移人口经济生活条件的指数为50.21%，仅为城镇居民平均水平的一半。根据国家统计局（2013）调查数据，2013 年外出农民工月平均工资为 2290 元，仅为城镇单位就业人员月平均工资（3897 元）的 58.76%；外出农民工中独立租赁或自购住房的比重仅为 14.1%；根据国务院发展研究中心课题组（2011）数据推算，农民工人均月消费支出约为 700 元，仅为城镇居民人均月消费支出（1263 元）的 55.42%。

第四，农业转移人口的综合文化素质和工作技能较低。由于工作技能数据缺乏，这里主要以不同学历人口比重来衡量文化素质，结果表明以受教育程度衡量的农业转移人口的综合文化素质仅为城镇居民平均水平的 38.30%。2012 年，外出农民工中高中/中专及以上文化人口比重为 26.5%，同期城镇就业人口中该类人口比重为 50.0%；外出农民工中大专及以上文化人口比重为7.8%，同期城镇就业人口中该类人口比重为 25.2%。

三　农业转移人口市民化面临的障碍

当前，有序推进农业转移人口市民化，主要面临着成本障碍、制度障碍、能力障碍、文化障碍、社会排斥和承载力约束等六个方面的障碍。

1. 成本障碍

农业转移人口市民化的成本主要是指农业转移人口到城镇定居生活并获得相应福利待遇和均等化公共服务等所需进行的各种经济投入。从投入来源看，一般可分为公共成本（政府成本）、个人成本和企业成本三部分。其中，公共成本主要是政府为农业转移人口提供各项公共服务、社会保障和基础设施新、扩建等而需增加的财政支出。个人成本主要指农业转移人口及其家庭在城

镇定居所需支付的生活费用和发展费用。在企业方面，根据国家
劳动合同法规定，企业必须为所聘员工提供必要的劳动条件、劳
动保护、福利报酬，并依法为劳动者缴纳社会保险。公共成本和
个人成本是农业转移人口市民化的主要成本障碍。根据单菁菁
（2013）的测算结果，在中国东、中、西部地区的城镇，农民工
市民化的人均公共成本分别为 17.6 万元、10.4 万元和 10.6 万
元，全国平均约为 13 万元（其中需要在短期内集中投入的约 2.6
万元，另加每年约 2400 元的投入）；人均个人支出成本分别为
2.0 万元/年、1.5 万元/年和 1.6 万元/年，全国平均约为 1.8 万
元/年；除此之外，绝大多数农民工还需要集中支付一笔购房成
本，在东、中、西部城镇这笔费用平均分别为 12.6 万元/人、
8.4 万元/人和 9.1 万元/人，全国平均约为 10 万元/人，约合 30
万元/户。

　　较高的市民化成本不仅给政府带来一定财政压力，更给大部
分农业转移人口带来难以承受的经济压力，严重阻碍了市民化进
程。对政府来说，虽然一次性投入的人均成本并不算高，但考虑
到农业转移人口总量大，再加上持续性投入问题，必然降低地方
政府推进市民化的积极性，尤其是在一些大城市地区。就当前约
2.4 亿存量农业转移人口来说，政府共需集中投入约 6.2 万亿元
（未考虑市民化意愿等因素），略高于 2012 年全国公共财政收入
的一半，除此之外每年还需支付约 0.6 万亿元的持续性投入，考
虑到巨大的公共成本总量，市民化问题对政府而言只能长期谋
划、逐步解决。就个人而言，大部分农业转移人口的收入并不足
以支付市民化之后的生存和发展成本。

　　2. 制度障碍

　　自"十五"计划提出"打破城乡分割体制"以来，国家出台
了一系列促进农业转移人口在城镇就业和居住的政策，但由于制
度变革涉及较大的成本和利益问题，农民工进城就业并享受市民
待遇的政策支持体系依然没有建立，农业转移人口市民化的制度

障碍依然根深蒂固，主要体现在户籍制度及其附属的公共服务和社会保障、土地制度等方面。

城乡二元的户籍制度及其附属的社会福利制度是横在农业转移人口和市民身份之间的根本制度障碍。虽然国家出台了一系列推进户籍制度改革的政策，并开展了城乡统筹试点工作，但户籍制度改革一直缺乏实质性进展。户籍制度改革之所以举步维艰，主要是户籍背后隐含着各种公共服务和社会福利，实现市民化后无差别的社会福利待遇将会给地方政府带来较大的财政压力。即使有部分省份（如湖北省）尝试统一城乡户籍，但原城乡人口在最低生活保障、保障性住房、社会保险、退伍兵安置、交通事故赔偿等方面的待遇差别依然存在（国务院发展研究中心课题组，2011）。

土地制度也是阻碍农业转移人口市民化的重要制度障碍。第一，从征地补偿标准来看，现有征地补偿标准较低，土地补偿款难以弥补市民化成本，低价征地高价出售又抬高了房地产价格，增加了农业转移人口的居住成本；第二，从农村集体土地流转来看，对农村集体土地流转的限制，不仅使农业转移人口无法获得土地及房产的增值收益，不能为其定居城市提供财力支持，还导致农村土地资源的严重浪费；第三，现阶段中国许多地区实行的"土地换社保、宅基地换房产"改革难以得到农民的积极配合。随着土地增值潜力的不断增长，农业转移人口放弃土地获得市民身份的机会成本越来越高。据国务院发展研究中心课题组（2011）的调查，73%的农民工希望进城定居后能保留承包地，67%的农民工希望能保留宅基地。第四，当前城镇建设用地增加与农村建设用地减少相挂钩的政策，没有与吸纳农业转移人口的数量结合起来，造成人口输入地与输出地之间人口与土地资源配置的严重失衡（张桂文，2013）。

3. 能力障碍

农业转移人口市民化的能力障碍主要体现在，农业转移人口往往缺乏职业技能培训，工作技能相对不足，由此限制了他们所能从事的职业和工种，工资收入较低难以负担在城镇定居的成本，也很难满足部分城市积分入户的条件。

导致农业转移人口综合能力较低主要有三方面原因：一是受教育程度较低。据国家统计局（2015）调查，2014 年外出农民工中，初中及以下学历的占 75.6%。二是缺乏工作技能培训。2014 年，既没有参加农业技术培训也没有参加非农职业技能培训的农民工占 65.2%（国家统计局，2015）。特别是，长期以来农民工就业主要集中在制造业、建筑业和传统服务业中的无技术或半技术工种，有的甚至被称为"世界工厂里无法标准化的'机器'"（《南方都市报》特别报道组，2012），这些工种的技术要求较低、工作岗位培训不足，从而导致农民工在职业选择、职业技能提升等方面陷入恶性循环——职业选择狭隘导致职业技能提升机会缺乏，而职业技能较低又导致职业选择的狭隘。

这种能力的缺乏对市民化的障碍主要表现在两个方面：一是长期从事传统行业，工作技能较低，导致农业转移人口收入较低，难以承受较高的城镇定居、生活和发展成本。2014 年，全国农民工人均月收入 2864 元，外出农民工月均生活消费支出人均 944 元。由于工资水平低，农民工难以承担举家定居城市的生活成本，不得不让老、妇、幼留守农村，形成规模庞大的留守老人、留守妇女、留守儿童群体。二是受教育程度和工作技能较低，使大部分农业转移人口被挡在"积分入户"的门槛之外。例如，广东省是最早开展积分入户的省份，到 2011 年，广州、深圳、珠海、东莞、中山等城市先后开展了积分入户工作。在广州，"文化程度及技能"方面的评分，博士、硕士、大学本科分别记为 100 分、90 分、80 分，而初中、高中毕业学历分别仅记为 5 分和 20 分；深圳积分入户的最低教育程度为高中学历，相应的积分与广州类似。由于受教育水平和工作技能等方面的限制，农业转移人口能够达到合格线的很少。2010 年，深圳市能够达到 100 分合格线的农业户籍农民工仅占合格总人数的 14%（《南方都市报》特别报道组，2012）。

4. 文化障碍

由于中国长期处于城乡隔离状态，在断裂的社会中，城乡之间已经越来越具有两个时代或两个文明的含义，这种差异突出地表现在社会两部分居民受教育的程度甚至是价值观和文明程度上（阿马蒂亚·森，2005；李贵成，2013）。这种城乡割裂的文化，形成了农业转移人口市民化的文化障碍。具体体现在两个方面：

一是农业转移人口对城市生活的适应性与归属感缺乏。从生活适应性来看，农业转移人口在农村出生、成长，形成了农民特有且根深蒂固的生活方式和价值观念，这种文化影响的持久性和稳固性使农民进城后往往会产生不适应。从城市归属感的角度来看，农业转移人口大多缺乏对城市居民的群体归属感。文化与行为方式的不同、经济生活差距以及部分城镇居民的偏见等是造成城市归属感缺失的重要原因，由此导致农业转移人口与城市原居民两大群体间存在隔阂、疏离，甚至是摩擦和冲突，形成城市内部的新二元结构。据一项关于农民工自我身份界定的调查，选择"城市市民"的人数只有19.31%，选择"农民"的人数占57.93%，选择"边缘人"的人数占22.51%（梅建明，2006）。对广州、深圳、东莞等地新生代农民工的调查则表明，63%的外来务工人员不同程度地存在"我不属于这里"的感觉（张丽艳、陈余婷，2012）。

二是部分城镇居民对农业转移人口的偏见。这种偏见主要源自长期以来的城乡二元制度，这种二元制度使部分城市居民形成了城市中心主义的心理优越感。具体表现在：部分城镇居民对农民工怀有偏见，刻板地将他们视为"外地人""乡巴佬"，认为他们素质低下，"小农意识"强烈，不属于现代化发展的城市，在思想和行为上都表现出排斥性（李贵成，2013）；个别农民工的扰民、违法犯罪、不遵守社会公德等行为，导致部分城镇居民对农民工整体产生偏见。

5. 社会排斥

城镇居民对新进入者的社会排斥也是农业转移人口市民化的

重要障碍。社会排斥概念源自 20 世纪 60、70 年代法国对贫困问题和社会不平等的研究。所谓"社会排斥",原先是指大民族完全或部分排斥少数民族的种族歧视和种族偏见,这种偏见和歧视建立在一个社会有意达成的政策基础上——"主导群体已经握有社会权力,不愿意别人分享之"(唐钧,2009)。当前,城镇对农业转移人口的社会排斥主要表现为显性的制度排斥和隐性的观念排斥。前者主要体现为在户籍、就业、教育、医疗、社会保障等方面对农业转移人口的歧视;后者则表现为在思想观念、社会认同等方面对农业转移人口的偏见和不公。在中国城镇化进程中,各种形式的城市进入门槛实际就是一种典型的社会排斥。尤其是,各城市在接受农业转移劳动力的同时,却排斥作为社会成员的外来人口享受城市的各种权益。不少地方户籍制度改革以人才为中心展开,采取"选拔式"方式,仅允许少数"高端人才"和有贡献的外来务工人员落户,有的甚至设置诸多不公平的严苛标准,要"人手"不要"人口",这实际上是一种狭隘的地区主义。

6. 承载力约束

农业转移人口市民化还面临着城市承载力约束的障碍。由于资源配置的行政化倾向,加上公共服务、就业机会和工资水平的悬殊差异,中国城镇化进程中的农业转移人口高度集中在大中城市。据国家统计局(2015)的调查,2014 年全国外出农民工中,30.5% 流向直辖市和省会城市,34.2% 流向地级市,地级以上大中城市所占比重高达 64.7%,近年来该比重基本稳定。另据国家人口和计划生育委员会流动人口服务管理司(2012)的数据,全国吸纳流动人口较多的 50 个城市,集聚了 60% 以上的流动人口;而希望在城市落户的流动人口中,约有 70% 青睐大城市。农业转移人口向大中城市高度集聚,导致城市规模结构出现严重失调。一方面,一些大城市特别是超大城市规模急剧膨胀,出现了交通拥堵、房价高企、环境污染、资源短缺等"城市病";另一方面,一些小城市和小城镇由于缺乏产业支撑，公共服务落后，人气不足，出现了相对衰落现象。

特别是，在北京、上海、广州等巨型城市，人口的大规模集聚与城市有限的承载力之间的矛盾日益凸显。以首都北京为例，其人口增长一直处于急剧膨胀状态。从北京前几次总体规划来看，北京市常住人口规模往往很快超过规划控制目标。① 第三次修编的《北京城市总体规划（2004—2020）》提出2020年北京实际居住人口控制在1800万人左右，但2010年北京市常住人口达到1962万人，2012年达2069万人，已经超过2020年规划的人口规模。虽然北京市采取多种措施控制人口增长，但北京常住人口总量一直以每年50万人左右的速度持续增长，交通拥堵、空气污染、水资源短缺等问题日益严峻。对北京市承载力的研究结果表明，北京市承载力在1800万人以内，目前的人口规模基本处于超载、不可持续状态（冯海燕等，2006；童玉芬，2010；石敏俊等，2013）。

据此，近年来北京市通过严格行政管理手段控制人口规模，主要体现在严格的户籍政策、购房购车限制等方面，这些限制政策严重阻碍了北京市近800万外来人口的市民化进程。其他特大城市也开始根据"合理承载量"制定相应的人口政策，设置并提高"城市门槛"，有选择地吸纳农业转移人口。事实上，城市承载力并非是绝对不变的，它是随着经济转型、产业升级、技术进步、交通条件和空间结构改善而不断变化的。诚然，城市人口规模不能无限制膨胀，其发展受到资源环境承载力和基础设施容量的约束。但是，从公民权益平等的角度看，我们也不能以此为由把城市承载力不足作为阻碍市民化的借口。

---

① 1983年规划至2000年控制在1000万人，1986年达1000万人；1990年规划至2010年控制在1250万人左右，实际上2000年已经达1382万人；2005年规划至2020年控制在1800万人，2010年已超过这一规划控制目标。

第五章　城市外来务工人员
贫困状况调查

　　城镇化的一个重要标志就是农村人口不断向城镇集中，城镇人口比重不断提高。由于当前中国城乡二元的户籍制度尚未完全打破，伴随着城镇化的快速推进，在城镇新增人口中，除了城镇户籍人口的自然增长外，更多的是外来务工人员的迅速增长。同时，随着城镇化的不断推进，外来务工人员在城镇总人口中所占的比重将不断提高，并日益成为城市经济社会建设中不可缺少的重要组成部分。然而，在现行的二元户籍制度下，城市社会对待外来务工人员与城市原居民有着本质的区别，大多数城市外来务工人员并不能成为户籍制度承认的"城镇人口"。外来务工人员的农民身份、职业的不稳定、社会关系的薄弱、户籍制度的限制和社会保障制度的缺失，使得他们只能生活在城市的底层，与城市原居民相比，更容易陷入贫困状态。近年来，随着全国农民工总量规模的增长，解决好民生问题，让更广大群众分享改革开放的成果已成为中央及各级地方政府高度重视的头等大事。国内外经验表明，城市减贫是维护城市社会稳定的重要举措，减少城市贫困人口，将有利于城市经济社会的稳定和谐。本章选取北京、深圳、惠州三个城市，对城市外来务工人员进行了抽样调查，在此基础上考察分析了样本中城市外来务工贫困人口的数量、特征和生存状况等。

一　问卷设计与调查说明

基于以往研究的经验，我们设计了城市外来务工人员调查问卷，通过预调查等过程对问卷进行了多次修改完善，并对北京、深圳、惠州三地的外来务工人员进行了抽样调查。

1. 问卷设计

本次调查的目的在于较全面地把握城市贫困外来务工人员的生产生活基本状况，及时发现目前城市外来务工人员面临的主要问题。为了初步了解城市外来务工人员的生存状况，我们在文献研究的基础上，通过面对面的访谈式的方法，对一些保安人员、快递人员、公司职员及个体户等外来务工人员进行了探索性调查，由此加深了对城市外来务工人员经济、生活、工作状况等的认识，为调查问卷的设计奠定了基础。

基于以往研究和探索性调查，我们进行了问卷设计。调查问卷主要分为七个部分（详见附录）：第一部分，被调查者个人基本情况。主要包括籍贯、年龄、性别、学历、职业、婚姻情况、月均工资、日工作时间、兼职、身体状况及来本地的时间等。目的主要是了解城市贫困外来务工人员的年龄、性别等结构及其身体健康状况、职业等是否是导致其贫困的因素。第二部分，被调查者工作地家庭成员基本情况。主要包括年龄、教育程度、职业、月均收入、健康状况及家庭成员之间的关系等。主要是为了了解家庭成员的健康状况、教育程度等对城市外来务工人员贫困的影响。第三部分，工作地家庭成员总收支情况。主要了解被调查者在工作地所有家庭成员的年均收支情况，包括收入和支出两部分。其中总收入包括工资性收入、家里人给的、低保收入、退休工资、来自老家的其他收入等；总支出包括房租或房贷、子女教育费用、医药费、食物、服装和交通、个人教育培训、偿还债务和其他娱乐项目等支出。目的主要在于详细了解被调查者的家庭总体收支情况，分析各项收入和支出在总收支中的比重及支出对被调查者个人和家庭造成的负担和压力。第四部分，工作地居住情况。主要包括住房面积、居住人员、住房格局、住房设施等。通过了解被调查者居住情况分析其贫困状况。第五部分，就业与社会保障情况。主要包括就业、职业培训、养老保险、医疗保险、失业保险、工伤保险、住房公积金、生育保险及是否有拖欠工资及拖欠工资金额等内容。社会保障情况体现了外来务工人员获取城市公共服务的状况，也是反映外来务工人员社会经济状况的重要维度。第六部分，老家土地与住房情况。主要包括家庭原有承包地面积、当前承包地状况、征地情况、土地转让/出租意愿、老家住房完成修建、翻新时间、住房面积等内容，目的在于通过对拥有承包地及老家住房情况了解外来务工人员留城意愿等。第七部分，其他问题与政策诉求，是对上述内容的补充，以充分了解被调查者的生存状况与诉求。

2. 预调查与样本选择

本研究聚焦城市外来务工人员的贫困问题。正式调查开始之前，选取不同行业的 20 名被调查对象，进行了试调查。根据试调查中发现的问题对问卷的内容和具体变量进行了修改和完善。考虑到外来务工人员向东部沿海或大城市转移的意愿更强烈，大城市中外来人口的规模和比重均较大，同时由于大城市贫富差距更明显，各种矛盾更突出，因此本研究选取北京和深圳两大城市作为典型性样本城市，以惠州市的调查数据作为辅助补充。2014年末，北京、深圳、惠州的外来常住人口占全部常住人口的比重分别达到38.10%、69.18%和26.26%。本研究的主要目的是了解城市贫困外来务工人员的生存状况，因此选择了外来务工人员居住相对集中的社区和企业进行随机抽样调查。

3. 样本量与基本统计特征

正式问卷调查共发送并收回调查问卷 1800 多份。考虑到本研究主要考察城市外来务工人员（主要包括异地流动和乡城流动）中常住人口的贫困问题，因此将居住时间在半年以下或不合理及无效问卷排除，本次调查共得到有效问卷 1305 份。有效问卷的基本统计分析如表 5－1 所示。

从性别结构来看，排除未填写性别的 14 份问卷，被调查者中有男性 805 人，女性 486 人，男女比例约为 1.66∶1。从婚姻状况来看，已婚人员有 584 人，占总调查人数的 44.75%；未婚人员有 572 人，占 43.83%；离异人员有 30 人，占 2.3%。从城市外来务工人员户籍性质来看，排除 160 份未填写该信息的问卷，城城流动人口有 232 人，占 24.67%；乡城流动人口 913 人，占 71.65%。从年龄结构来看，年龄在 25 岁以下的有 456 人，占总调查人数的比重为 34.94%；年龄在 25—35 岁之间的有 594 人，占总调查人数的比重为 45.52%；年龄在 35—45 岁之间的有 183 人，占 14.02%；年龄在 45 岁以上的仅有 60 人，占比为 4.60%。从外来务工人员地区来源看，主要集中在东、中、西部地区，占总调查人数的 93.72%。从被调查者受教育程度来看，初中及以下学历的有 483 人，占总调查人数的 37.01%；专科及以上共 527 人，占 40.38%。从来本地的时间看，低于 1 年的有 54 人，占总调查人数的比重为 4.14%；1—3 年的有 404 人，占总调查人数的比重为 30.96%；3—5 年之间的有 217 人，占 16.63%；5—10 年的 249 人，占 19.08%；10 年以上的 175 人，占 15.78%。

表 5－1　　　　　　　　总体样本基本统计特征

变量名	变量值	频次（人）	百分比（%）	累计百分比（%）
样本总量	合计	1305	100.00	
性别	男	805	61.69	61.69
	女	486	37.24	98.93
	未填	14	1.07	100.00

续表

变量名	变量值	频次（人）	百分比（%）	累计百分比（%）
年龄组	25 岁及以下	456	34.94	34.94
	25—35 岁	594	45.52	80.46
	35—45 岁	183	14.02	94.48
	45 岁以上	60	4.60	99.08
	未填	12	0.92	100.00
教育程度	初中及以下	483	37.01	37.01
	高中	263	20.15	57.16
	专科	316	24.21	81.37
	本科及以上	211	16.17	97.54
	未填	32	2.46	100.00
婚姻状况	未婚	572	43.83	43.83
	已婚	584	44.75	88.58
	离异	30	2.30	90.88
	未填	119	9.12	100.00
户籍	城市	232	17.78	17.78
	农村	913	69.96	87.74
	未填	160	12.26	100.00
流动状况	跨省流动	935	71.65	71.65
	省内流动	322	24.67	96.32
	未填	48	3.68	100.00
人口来源地区	东部地区	421	32.26	32.26
	中部地区	464	35.56	67.82
	西部地区	338	25.90	93.72
	东北地区	34	2.60	96.32
	未填	48	3.68	100.00
来本地时间	低于 1 年	54	4.14	4.14
	1—3 年	404	30.96	35.10
	3—5 年	217	16.63	51.72
	5—10 年	249	19.08	70.80
	10 年以上	175	13.41	84.21
	未填	206	15.78	100.00

二 中国城市外来务工贫困人口规模与特征分析

结合城市贫困标准识别本次问卷调查的贫困人口，发现外来务工人员的贫困发生率约为20%。从整体来看，当前城市外来务工人员贫困逐渐呈现出低龄化、家庭式、高学历等特点。城市贫困外来务工人员已经不仅仅是经济生活上的绝对贫困，更是就业机会和基本公共服务权益不均等、社会认同感不足、较难融入城市社会等权益和精神层面的相对贫困。

1. 外来务工人员贫困发生率约为20%

目前国内对城市外来务工人员的贫困测算较少，并且主要是借助于抽样调查的方式进行估算，如都阳（2007）、李善同（2002）的研究。为了更好地考察城市流动人口的贫困状况，深入了解城市贫困外来务工人员的规模，我们对本次问卷调查结果中的贫困人口进行了识别。考虑到流动人口无法被城市低保覆盖，同时，他们在城市中并没有完全被城市公共服务覆盖等因素，他们的贫困既可以说是明显的多维贫困，也可以称之为相对于城市居民的相对贫困。理论上可以认为，相对贫困人口规模要高于绝对贫困规模，根据相对贫困标准所测算的贫困率相应也会高于依据绝对贫困标准取得的指标值。

表 5-2   城市外来务工人员贫困标准设计

	低保（元/月）	最低工资标准（元）	城镇居民人均消费支出50%（元）	城镇居民人均可支配收入50%（元）
北京	650	$1720 \times 12 = 20640$	$33717.45 \times 50\% \times 1.018 = 17162.182$ [17200]	$48531.85 \times 50\% \times 1.018 = 24702.7116$ [20000]
深圳	620	$2030 \times 12 = 24360$	$28853 \times 50\% \times 1.018 = 14686.177$ [15000]	$40948 \times 50\% \times 1.018 = 20842.532$ [25000]

续表

	低保 （元/月）	最低工资标准（元）	城镇居民人均消费 支出50%（元）	城镇居民人均可支配收 入50%（元）
惠州	482	1350 × 12 = 16200	结合北京和深圳比率，取惠州收入线的80%计算，约13000	27300 × 50% × 1.018 = 13895.7 （16674.84）[16000]

注：低保标准为2014年12月数据；最低工资标准为2015年标准；人均消费支出与可支配收入均为2014年数据，并经2015年1—9月居民消费价格指数调整。其中，北京的城镇居民人均消费支出的60%接近当年最低工资标准，但人均可支配收入数据要高于最低工资标准；深圳和惠州的城镇居民人均可支配收入的60%比较接近最低工资标准。最终，消费水平按当地居民人均消费支出的50%取值；收入标准最终以最低工资为准（取整）。

按照当地居民当年人均消费支出的50%作为贫困标准对样本进行识别，共发现263个贫困样本，综合贫困发生率约为20.15%。据此，按照外来务工人员20%的贫困发生率进行估算，2014年全国农民工总量约2.74亿，外来务工人员贫困人口约5500万人。该估计结果处于按照8%—10%贫困发生率估算结果的区间，具有较好的可信度。

贫困人口的基本统计特征如表5-3所示，后面将根据表5-3的统计情况分析外来务工贫困人口的基本特征。

表5-3　　　　　　　　　贫困人口样本基本统计特征

变量名	变量值	频次（人）	百分比（%）	累计百分比（%）
贫困人口	合计	263	100.00	
性别	男	156	59.32	59.32
	女	105	39.92	99.24
	未填	2	0.76	100.00
年龄组	25岁及以下	100	38.02	38.02
	25—35岁	101	38.41	76.43
	35—45岁	49	18.63	95.05
	45岁以上	10	3.80	98.85
	未填	3	1.14	100.00

续表

变量名	变量值	频次（人）	百分比（%）	累计百分比（%）
教育程度	初中及以下	155	58.94	58.94
	高中	46	17.49	76.43
	专科	48	18.25	94.68
	本科及以上	7	2.66	96.34
	未填	7	2.66	100.00
婚姻状况	未婚	119	45.25	45.25
	已婚	111	42.21	87.46
	离异	5	1.90	89.36
	未填	28	10.65	100.00
户籍	城市	27	10.27	10.27
	农村	202	76.81	87.08
	未填	34	12.93	100.00
流动状况	跨省流动	187	71.10	71.10
	省内流动	72	27.38	98.48
	未填	4	1.52	100.00
人口来源地区	东部地区	86	32.70	32.70
	中部地区	84	31.94	64.64
	西部地区	83	31.56	96.20
	东北地区	6	2.28	98.48
	未填	4	1.52	100.00
来本地时间	低于1年	9	3.42	3.42
	1—3年	96	36.50	39.92
	3—5年	42	15.97	55.89
	5—10年	47	17.87	73.76
	10年以上	20	7.61	81.37
	未填	49	18.63	100.00

2. 乡城流动仍是城市流动人口的主体，城城流动人口比例增加

当前中国城市贫困外来人员的主体从以农业转移人口为主向

农业转移人口和中小城市居民向大城市转移并存转变。改革开放以来，伴随着中国城镇化的不断加快，越来越多的农村剩余人口转移到城市中，成为城市建设的主力军，然而由于户籍制度的限制等因素，农业转移人口无法享受到同城市居民同等的公共服务和社会保障，使得他们抵御风险的能力较低，极易陷入贫困的状态。近年来，中国城镇化已经进入"减速、提质、转型"的关键时期，城市外来务工人员的主体也发生了一些变化。一方面，农业转移人口向城市集聚是城镇化不可逆转的趋势，农业转移人口仍将是城市流动人口的主要力量，但与以往以体力劳动者为主的农业转移人口不同，当前有越来越多农村出来的大学生通过接受高等教育进入到城市，并逐渐成为城市外来务工人员的重要组成部分。本次调查发现，农村出来的留城大学生占城市流动人口的比重为8.6%，其中3.6%由于经济基础薄弱，社会资本匮乏而陷入到了贫困状态；另一方面，受大城市高质量的生活水平、众多的发展机会等的吸引，中小城市和小城镇居民向大城市迁移的趋势明显。本次调查发现，这种城城流动的人口占城市外来务工人员的比重达17.78%，其中11.6%由于不能适应大城市生活或承受大城市巨大的生存压力而陷入了贫困状态。

3. 城市外来务工人员低龄化趋势明显，高学历人口占一定比例

调查中发现，与以往以中壮年劳动力为主的农业转移人口不同，当前随着留城大学生和农民工数量的日益膨胀，以80后、90后为主的留城大学生和辍学进城打工的新一代农民工，正逐渐成为城市外来务工人员的主要组成部分。本次调查发现，以80后、90后为主的城市外来务工人员占城市总外来务工人员的比重达到了近80%，其中本科学历以上的占18%，专科学历的占25.05%。当前，城市贫困外来务工人员中有近20%是专科以上受过高等教育的新生代外来务工人员，他们由于缺乏社会资本加上自身原有资本积累薄弱，在进入城市的初期很容易陷入贫困的

状态。此外，由于传统家庭观念的影响，迫于养家糊口的压力和责任，男性仍然是城市外来务工人员的主力。本次调查发现，城市贫困外来务工人员中仍有近60%为男性，且近80%为80后、90后。

4. 家庭式迁移趋势明显，传统性别分工现象依然存在

本次调查显示，城市贫困外来务工人员家庭的平均规模为2.88人（城市外来务工人员的平均规模为2.65人）。在填写家庭成员信息的被调查者中，有66.7%为夫妻或（和）子女一起在工作地生活、学习和工作。城市外来务工人员的家庭式迁移趋势体现了进城意愿已经从以往传统的改变家庭收入状况向期望家庭成员享受城市美好生活、提高家庭生活水平转变的初衷。此外，城市贫困外来务工人员就业状况性别差异依然存在，"男主外，女主内"的传统性别分工状况并未完全改变。本次调查数据显示，城市贫困外来务工人员男女就业比大约为3∶2。有相当部分城市外来务工人员的家庭中女性未参加就业而在家操持家务或从事一些比较简单的零散工，如保姆、促销员等。

5. 城市贫困外来务工人员生活压力较大，留城意愿并不强烈

绝大多数城市贫困外来务工人员带着城市就业机会多、教育水平好、个人发展空间大、城市环境好、生活更加丰富等美好的憧憬进入城市，但很快就发现理想与现实的巨大差距。城市日益高涨的房价和房租，高昂的消费水平，子女教育难以解决，基本公共服务和社会保险难以保障，与城市原居民相比，他们生活成本更高，压力更大。本次调查发现，只有5.36%的城市贫困外来务工人员觉得没有生活压力，感觉不错；33.93%觉得压力较大，勉强度日；9.82%觉得压力很大，需要帮助。只有29.63%的城市贫困外来务工人员还愿意继续在城市中生活下去，30.09%明确表示不愿意在城市长期生活下去，还有40.28%没有想好是否在所在城市长期居住。经过分析发现，64.84%的城市贫困外来务工人员认为消费水平过高而收入却跟不上物价等的上涨是他们不愿意在城市长期居住的首要原因；其次，有49.77%认为不能取得城市户口，因而使得他们无法享受到城市居民所享有的各项基本公共服务、社会保障、子女教育等平等权利也是他们不愿在所在城市长期居留的重要原因。

表5-4　　　　　　　　城市外来务工人员生活压力调查

您觉得生活压力大不大？	城市外来务工人员样本		城市贫困外来务工人员样本	
	频次（人）	比重（%）	频次（人）	比重（%）
没有压力，感觉不错	58	9.28	6	5.36
压力较小，有信心改善	111	17.76	11	9.82
压力一般，也能过下去	230	36.8	46	41.07
压力较大，勉强度日	163	26.08	38	33.93
压力很大，需要帮助	55	8.8	11	9.82

注：本表样本是在相关信息填写完整的问卷基础上进行的整理和计算，下表同。

表5-5　　　　　　　　城市外来务工人员留城意愿调查

是否愿意在此地长期居住？	城市外来务工人员样本		城市贫困外来务工人员样本	
	频次（人）	比重（%）	频次（人）	比重（%）
愿意	378	36.81	64	29.63
不愿意	236	22.98	65	30.09
没想好	413	40.21	87	40.28

当前，基于长期的城市优先发展战略和现行的公共政策管理理念，城市政府通常对城市外来务工人员的关注度不高，当外来务工人员在城市生活面临困难时，也很难通过行政途径得到较好的解决。本次调查中就发现，获得过政府帮扶的城市贫困外来务

工人员少之又少，其中获得帮助最多的是工资等权益保障，但该比重也仅为6.5%。政府在解决城市贫困外来务工人员子女教育、保障性住房或廉租房、就业培训、就业信息与机会等方面力度不足。要求提高最低工资水平和加强工资等权益保障、提供保障性住房或廉租房、解决子女教育等成为当前城市贫困外来务工人员面临的最迫切、最需要政府给予解决或政策支持的问题。

三　中国城市外来务工贫困人口生存状况分析

基于问卷调查的结果，下面从就业、家庭收支、居住状况、社会保障、子女教育等方面来分析中国城市外来务工贫困人口的生存状况。

1. 就业与工资：工资水平低、工作时间长、工作条件差、技术含量低

就业是民生之本。城市贫困外来务工人员的就业情况可以侧面反映他们的贫困状态。当前中国城市外来务工人员就业最突出的问题是权益得不到有效保障（杜丽红，2008）。传统计划经济体制和"二元"经济的共同作用以及就业的市场门槛等因素，形成了中国劳动力市场多重分割的格局，造成城市外来务工人员的就业权益很难得到有效保障。近年来，随着市场化改革的深入和多种经济成分的发展，户口屏障的作用已经大大削弱，劳动力市场按户口等制度性因素的分层正在转变为按市场机会、人力资本（包括受教育程度、非农就业的经历等）的分层。但这些变化，还没有从根本上消除基于户口的一系列差别待遇政策，包括就业、社会保障、教育和培训等方面的地域或行业限制等。基于长期的城市优先发展战略和现行的公共政策管理理念，城市劳动力市场的分层状况在短期内并不会消除。尤其是对于城市流动贫困人口而言更是如此。与城市居民相比，城市贫困外来务工人员在就业方面主要有以下特点：

一是获取工作途径少，工资水平低。受教育水平、自身技能和信息获取等方面的制约，他们很难在城市找到合适的工作岗位，亲朋介绍仍是当前城市贫困外来人员获取工作的最主要途径之一。为了能够留在城市，他们不得不出卖自己廉价的劳动力。他们为城市的建设和发展作出了巨大的贡献，却不能同等分享到城市经济增长带来的成果。二是工作时间长，工作环境差。按照劳动法的规定，每周有双休日，有法定的节假日，8 小时工作制，加班要有加班费。但调查中发现，很多城市流动贫困人口劳动条件差，劳动强度大，经常加班加点，一般无法享受法定节假日的休息权利。在填写工作时长的城市贫困外来务工人员中，有21.1% 的人员工作时间超过 8 个小时正常工作时间，并有近10% 的人员工作时间在 10 个小时以上。同时，相当部分外来务工人员在电子加工厂、机械制造厂、食品加工厂、化工厂或建筑工地等工作，这些地方工作环境艰苦，噪音污染、废气污染、粉尘污染等严重，对务工人员的身心健康都有一定的影响。三是工作稳定性有所增强，但技术含量低。近些年，随着中国经济的快速发展，民工荒、用工难等现象在许多城市普遍存在，就业缺口的存在一方面使得城市外来务工人员通过亲朋介绍或招聘广告等途径能够在流入地较容易地找到工作，另一方面企业主们为了能够留住员工通常也更愿意与他们签订固定或长期合同（一年以上）。以往城市外来务工人员在流入地找不到工作的现象已经较少存在。此外，城市贫困外来人员技能水平较低，调查发现，有近一半的城市贫困外来人员未参加过任何形式的职业培训，与城市原居民相比，他们大多从事的是一些技术水平要求不高的工作岗位，比如保姆、服务员等，或是一些比较艰苦、笨重危险的行业，如建筑、搬运装卸等。

表 5 - 6   城市（贫困）外来务工人员就业情况

		城市外来务工人员		城市贫困外来务工人员	
		频数（人）	比重（%）	频数（人）	比重（%）
获取工作途径	政府/社区介绍	10	0.77	3	1.14
	商业职介	125	9.58	22	8.37
	招聘广告	387	29.66	67	25.47
	直接申请（含考试）	132	10.11	27	10.27
	亲朋介绍	452	34.63	114	43.35
	自主创业	69	5.29	9	3.42
	其他	65	4.98	14	5.32
	未填	65	4.98	7	2.66
就业合同性质	固定工	116	8.89	25	9.51
	长期合同	908	69.58	181	68.82
	短期合同	75	5.75	18	6.84
	临时工	37	2.84	18	6.84
	零工	8	0.61	1	0.38
	自营业	51	3.91	8	3.04
	其他	51	1.92	3	1.14
	未填	59	4.52	9	3.42
职业培训	没有参加过	509	39.00	129	49.06
	自费	181	13.87	20	7.60
	企业组织	539	41.30	94	35.74
	亲朋传授	12	0.92	2	0.76
	其他	10	0.77	2	0.76
	未填	54	4.14	16	6.08

2. 居住条件：居住面积狭小且配套生活设施较落后

居住问题是城市外来务工人员进入流入地后面临的首要问题。居住状况对城市外来务工人员的身心健康、生活质量、社会参与、社会融入等方面都具有重要的影响。总体来看，当前城市贫困外来务工人员住房情况堪忧，政府保障性住房政策难以兑现。下面主要从外来务工人员居所获取途径、居住面积、住房格局、住房设施等方面对现阶段中国城市外来务工人员尤其是城市贫困外来务工人员的居住状况进行分析。

表5-7　　　城市（贫困）外来务工人员居住质量与环境状况

		城市外来务工人员		城市贫困外来务工人员	
		频数（人）	比重（%）	频数（人）	比重（%）
居所获取途径	单位宿舍或工地工棚	192	24.24	49	32.03
	租住简易住房	153	19.32	30	19.61
	租住地下室或半地下室	10	1.26	1	0.65
	租住一般居民楼	367	46.34	66	43.14
	自购商品房	53	6.69	6	3.92
	申请政府保障房	2	0.25	0	0.00
	其他	15	1.89	1	0.65
住房格局	集体宿舍	164	20.71	43	28.10
	1居室	366	46.21	73	47.71
	2居室	184	23.23	30	19.61
	3居室	65	8.21	6	3.92
	其他	13	1.64	1	0.65
人均住房面积（m²）	>32.91*	87	10.98	13	8.50
	(20, 32.91]	139	17.55	15	9.80
	(10, 20]	273	34.47	45	29.41
	≤10	293	36.99	80	52.29

续表

		城市外来务工人员		城市贫困外来务工人员	
		频数（人）	比重（%）	频数（人）	比重（%）
住房设施	电视	375	47.35	65	42.48
	冰箱	347	43.81	42	27.45
	空调	376	47.47	56	36.60
	网络	440	55.56	63	41.18
	洗衣机	265	33.46	26	16.99
	洗浴设施	434	54.80	62	40.52
	卫生间	707	89.27	129	84.31
	通电通水	708	89.39	127	83.01

注:* 该数据为2014年全国城市居民人均住房面积。

获取居所的途径方面,① 总体而言,当前租住私人出租房（包括租住简易房、租住地下室或半地下室和租住一般居民楼）仍是城市外来务工人员获取居所的最主要途径,其次是申请单位宿舍或在工地工棚居住。虽然住房城乡建设部发布的《关于做好2013年城镇保障性安居工程工作的通知》早已将外来务工人员纳入到城市住房保障的范围内,但就这几年的实施情况来看,形势并不乐观,许多城市保障性住房并未向外来人口放开或对外来人口申请政府保障性住房提出了较严格的条件,加上外来务工人员自身获取相关信息的途径和能力较低,实际获得廉租房服务的城市外来务工人员屈指可数。本次调查数据显示,城市外来务工人员获取政府保障房的比例很低,仅为0.25%,而城市贫困外来务工人员中则没有人获得过此项服务。

居住环境方面,总体来看,城市外来务工人员居住面积狭小且配套生活设施较落后。首先,本次调查数据显示,与全国城市

---

① 这里为使数据保持一致性,在本小节所使用的流动人口及流动贫困人口的居住数据均是在保证相关信息填写完整下进行的计算。

居民平均人均住房面积（32.91m²）相比，当前城市贫困外来务工人员人均住房面积仅为15.49m²，不到全国城市居民平均水平的一半。城市贫困外来务工人员的人均住房面积更低，仅为11.73m²。且有超过20%的城市贫困外来务工人员居住在简易住房、地下室或半地下室，有近70%居住在单位宿舍或一居室，居住空间狭小，居住环境恶劣，缺少私人空间。其次，城市外来务工人员居住质量较低。参考林李月、朱宇（2008）的居住质量指数，本研究从居住场所是否通水通电以及是否拥有电视机、网络、厕所、洗浴设施、冰箱、空调等方面来考察外来务工人员的居住质量，并以各住房设施拥有率的算术平均数作为城市（贫困）外来务工人员居住质量指数。调查数据显示，通水通电、卫生间等居住常用设施配备比例较高，均超过了80%。而网络、冰箱、洗衣机、洗浴设施、电视等设施的比例均不足50%，从而导致他们获取信息能力的不足及精神生活的匮乏。经过计算，城市（贫困）外来务工人员的居住质量指数分别为0.58（0.47）。

　　3. 社会保障：社会保障比重和水平均低于城市原居民

　　社会保障情况体现了外来务工人员获取城市公共服务的状况，也是反映城市外来务工人员社会经济状况的重要维度（杨洋、马劲骁，2012）。尤其是对城市贫困外来务工人员群体来说，社会保障往往是他们应对生活贫困的最后防卫底线。伴随着中国城镇化的不断推进，人口流动趋势不断加强，为做好外来务工人员社会保障工作，国家近年来先后出台了《工伤保险条例》《国务院关于解决农民工问题的若干意见》《住房城乡建设部关于做好2013年城镇保障性安居工程工作的通知》等政策文件。然而，当前城市外来务工人员在养老、医疗、失业和住房等社会保障方面所获得的权益依然远远低于城市原居民水平，作为城市中收入的最底层，这无疑将会加剧他们的贫困程度。

表 5 - 8   城市（贫困）外来务工人员参与社会保障情况

		城市外来务工人员		城市贫困外来务工人员	
		频数（人）	比重（%）	频数（人）	比重（%）
养老保险	务工地	292	23.72	45	17.37
	户籍地	248	20.15	66	25.48
	不知道	100	8.12	44	16.99
	未参加	109	8.85	32	12.36
	未填	482	39.16	72	27.80
医疗保险	务工地	390	31.68	78	30.12
	户籍地	324	26.32	87	33.59
	不知道	59	4.79	11	4.25
	未参加	138	11.21	46	17.76
	未填	320	26.00	36	13.90
失业保险	有	459	37.29	72	27.80
	没有	438	35.58	98	37.84
	不知道	249	20.23	70	27.03
	未填	85	6.90	18	6.95
工伤保险	有	709	57.60	126	48.65
	没有	246	19.98	65	25.10
	不知道	144	11.70	38	14.67
	未填	132	10.72	29	11.20
住房公积金	有	374	30.38	49	18.92
	没有	584	47.44	139	53.67
	不知道	127	10.32	42	16.22
	未填	146	11.86	28	10.81
生育保险（仅限女性）	有	120	26.09	23	22.12
	没有	126	27.39	34	32.69
	不知道	56	12.17	10	9.62
	未填	158	34.35	37	35.58

注：养老保险、医疗保险、失业保险、工伤保险和住房公积金样本量是将这"四险一金"均未填写的调查者排除，生育保险样本也是将"四险一金"均未填写的女性排除。

本次调查发现，仍有超过10%的城市贫困外来务工人员未参加或不知道是否参加了"五险一金"。2003年出台的《工伤保险条例》明确要求所有用人单位必须及时为职工办理参加工伤保险手续，并按时足额缴纳工伤保险费，然而本次调查数据显示城市贫困外来务工人员中仍有近40%没有参加或不知道是否参加了工伤保险。《国务院关于解决农民工问题的若干意见》明确要求解决农民进城务工期间的住院医疗保障问题。本次调查发现，城市贫困外来务工人员中有17.76%未参加任何形式的医疗保险，有16.99%未参加任何形式的养老保险。

4. 子女教育：子女没有在务工地接受教育的比重较高

子女教育问题一直是城市外来务工人员公共服务均等化的主题之一（陈玉云，2004）。教育部、中央编办、公安部等多个部委曾多次联合发文要求做好城市外来务工人员子女义务教育工作，各级地方政府也建立了相关制度，但目前外来务工人员子女在流入地城市接受公立学校教育的情况依然存在困难。一方面，现行的学籍管理制度规定，流动儿童必须回户籍地参加中考，加上当前许多地区的教材存在很大差异，为了保证顺利升学，许多城市外来务工人员只能选择让子女在老家上学。另一方面，受户籍制度的制约，城市外来务工人员子女义务教育仍面临困难，许多城市公立学校把外来人口子女排除在外，私立学校高昂的学费又使得这些外来人口难以承受，导致许多外来人口子女难以顺利就学。本次调查发现，在城市外来务工贫困人口中，因户口排挤或务工地学费较高而只能让子女在老家接受教育的比重达到了57.4%。当前能够随父母在务工地生活的子女中，低龄儿童和已经辍学且达到法定劳动者年龄的子女占了相当部分，许多外来务工人员的子女因到了上学年龄却无法在城市就学，不得不返回户籍地。期望城市政府解决子女教育问题也成为众多城市贫困外来务工人员最迫切的政策诉求之一。此外，调查发现，与普通城市外来务工人员相比，贫困外来务工人员子女教育支出在家庭总支出中所占的比重更高（见图 5 - 1）。

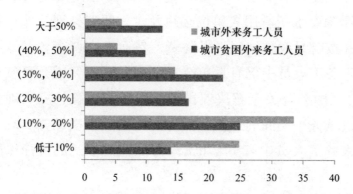

图 5 - 1 城市（贫困）外来务工人员子女教育费用占家庭总支出的比重

第六章 外来务工贫困人口的致贫原因

　　尽管相关研究指出，中国城市外来务工人员的贫困发生率总体高于城市户籍居民（Asian Development Bank，2004；Du et al.，2006；Park & Wang，2010），但外来务工人员①的贫困治理却是中国现行城市反贫困制度的盲区。一方面，在城市户籍的福利藩篱下，作为中国城市反贫主要措施的城市低保制度只保障城市户籍居民；另一方面，城市低保制度本身保障水平过低，同时东西部之间以及城乡之间保障水平差距较大，这意味着外来务工人员就算能在原籍地拿到低保，但原籍地低保水平并不匹配务工城市的生活水平。因此，中国需要加强外来务工人员的贫困治理，以进一步完善城市反贫困制度体系。加强外来务工人员的贫困治理，需要准确把握外来务工贫困人口的致贫原因。

　　需要说明，由于务工家庭的收支信息对于深入了解其贫困的程度和原因十分重要，因此本章分析所用样本是在原有的1305份有效问卷基础上，进一步去掉家庭收支无填报问卷后得到的最终样本（下简称样本），一共711份。此外，由于外来务工家庭的最终样本中只有3个下岗家庭，并且其收支水平均高于我们测算的贫困线，因此在本章分析中不再考虑下岗因素。

---

　　① 若非强调，"中国城市外来务工人员"在本章中将一律简称为"外来务工人员"。

一　研究回顾

致贫原因分析有个体和结构两种视角。个体视角的致贫解释认为，贫困是由贫困人口的价值观、态度、教育程度、家庭人口等个体特征所决定的，代表观点是贫困文化论，其将贫困归因于贫困人口知识缺乏、无责任感、无规划能力等"贫困亚文化"的规范和价值观（Lewis，1966）；结构视角的致贫解释则认为，贫困人口的致贫原因是社会不利条件而非贫困个体特征，贫困个体特征只是贫困人口对社会不利条件的适应与反映（Elesh，1973），而社会不利条件是指非亲贫的权力、财富及其他资源的分配制度（Gans，1971）。

在以上两种视角中，理论界多从结构视角来解释中国城市外来务工人员的贫困，因为外来务工人员的贫困被认为是中国"新城市贫困"的一部分。"新城市贫困"是指在经济和就业制度转变以及福利制度重构的背景下出现的城市贫困（刘玉亭等，2003）。中国的新城市贫困人口主要是下岗职工、农民工及失地农民（刘家强等，2005），相应的社会结构背景则是国有企业的"减员增效"改革、基本公共服务改革的滞后以及城镇化的快速推进。其中，公共服务里社会保障制度的滞后是下岗职工、农民工和失地农民的共同致贫因素。甚至有学者认为，中国新城市贫困形成的深层原因就是中国不健全的社会保障制度，因为其脱离了新城市贫困人口（黄宁莺、吴缚龙，2004）。

具体来看社会保障制度滞后的致贫影响，首先对于下岗职工，一个重要的致贫原因是在职工下岗高峰期间，下岗职工的社会保险无法按时并足额发放，且仍较依赖单位救助，社会救助手段缺乏（城镇贫困问题课题组，1997）。其次对于普通农民工、失地农民等外来务工人员，其一大致贫风险是"因伤病致贫"，但"因伤病致贫"问题的解决却一直存在着外来务工人员医保权益不平等以及城市医疗资源不足两大难题（蒋贵凰、宋迎昌，2011）。最后对于失地农民，除了与其他外来务工人员一样缺乏必要的社会保障之外，失地农民的致贫还有征地补偿、就业扶持等社会救助不足的因素。林乐芬等（2009）的调查发现，老家经济发展水平更低、原本对土地依赖更大的失地农民在城市的适应能力也更差，其生活水平在进城后反而下降，这个发现表明了就业扶持对失地农民的重要性。

　　不同于理论研究对结构性致贫影响的强调，现有的城市贫困微观调查发现（见表6-1），个体特征因素的致贫影响不仅不容忽视，而且比较重要。这些研究中：①综合来看，较低的学历和较重的家庭抚养负担是城市居民最显著的致贫因素；②技能（职业）、工作经验等就业力因素的致贫影响同样显著；③家庭背景对城市青年具有贫困代际影响（高梦滔，2006）。同时在结构性影响因素方面：①下岗确实是中国城市贫困人口的一个主要致贫因素；②城市人口拥有养老保险或医疗保险与致贫概率的负相关性被证实（李实和Knight，2002；Park & Wang，2010；王美艳，2014）；③过去长期来看，经济增长有利于提高城市贫困家庭的脱贫概率，但下岗的发生使经济增长未能降低城市非贫困家庭的返贫概率（姚毅，2012）。

表6-1　　　　　　　　有代表性的中国城市贫困微观调查

研究	调查时间	调查城市	目标群体	影响贫困的主要因素
Yao (2004)	1998年	广州、天津	城市住户	下岗和再就业几率
李实和Knight (2002)	2000年	辽、苏、豫、川、甘、京等省市的12个城市	城市住户	下岗、学历、技能、健康、社保、抚养比
Wang (2005)	2000年	沈阳、重庆	城市住户	技能（职位）、雇主类型、下岗、抚养比
Wu (2007)	2002—2004年	南京小市街道	城市街区住户	下岗、健康、学历和户籍

续表

研究	调查时间	调查城市	目标群体	影响贫困的主要因素
都阳和 Park (2007)	2001 年、2005 年	上海、武汉、沈阳、福州、西安	城市住户	抚养比、家产情况、健康、失业、学历
姚毅 (2012)	1990—1992 年、2003—2005 年	辽、黑、苏、鲁、豫、鄂等 9 省的城市	城市住户	经济增长（下岗）、学历、家庭区位
Park 和 Wang (2010)	2004—2005 年	上海、武汉、沈阳、福州、西安等 12 城市	城市外来务工人员	社保、户籍、抚养比、学历
高梦滔 (2006)	2005 年	西宁、兰州、白银	城市青年	代际传递、就业几率（学历），
李善同等 (2008)	2006—2007 年	北京、广州、南京、西安、兰州	城市农民工	学历、工作经验、储蓄倾向
何深静等 (2010)	2007 年	广州、南京、武汉、哈尔滨、昆明、西安	城市低收入住户	下岗、雇主类型、抚养比、技能（职位）、党籍、学历
王美艳 (2014)	2010 年	上海、武汉、沈阳、福州、西安、广州	城市农民工	抚养比、学历、党籍、健康、社保

注："影响贫困的主要因素"中，括号内因素是括号前因素的原因；"抚养比"代指相关研究中的教育负担、家庭就业率、家庭规模、老人数、子女数等因素；高梦滔（2006）和 Wu（2007）的调查时间在原文中未告知，但在同作者的其他文献中找到。

总的来说，现有中国城市贫困的微观调查比较全面地反映了城市贫困的致贫因素，但是出于三点考虑，中国的城市贫困研究仍需进一步深入。第一，在调查研究的方法上，鉴于收入和消费支出的对比分析很有利于了解个体的经济行为特征及其原因，而现有微观调查中只有李实和 Knight（2002）以及李善同等（2008）做了分项目的收支调查，因此外来务工人员的贫困问题研究需要更多基于收支细项进行定量分析；第二，在理论上，个体特征因素和社会结构因素对于外来务工人员的致贫影响究竟孰轻孰重的问题需要回答；第三，现有微观调查基本发生在 2010 年之前，数据和结论的时效性已经不强。

二 外来务工人员致贫的理论分析

尽管初看之下个体和结构视角的致贫解释是对立的，但若联系中国城乡关系的演变过程，便能发现外来务工人员的贫困具有结构性的历史根源，而当前外来务工人员个体的贫困特征则是结构性根源代际影响的结果。更重要的是，在城乡传统二元结构不断弱化的发展背景下，个体特征对于外来务工人员致贫的决定性作用不断显化。

1. 城乡结构影响和劳动力个体影响的此消彼长

阿马蒂亚·森（Amartya Sen）认为，贫困是个体缺少最起码的可行能力，即缺乏可满足其基本物质需求的最起码的机会（Sen，1985）。此处的机会是指政治参与权、公共服务享有权、为社会信用提供保证的制度秩序、社会保障享有权以及经济机会（森，2002），总体上可归为社会权益和经济机会两种。可行能力理论是一种结构视角的理论，其强调的权益和机会致贫因素有助于理解中国城乡二元结构变革对外来务工人员的致贫影响。

首先，外来务工人员的致贫根源是结构性的。在改革开放前的较长时间内，由于农村劳动力外流受限、农产品统收统购、"吃大锅饭"等制度原因，农村劳动力缺少交易和就业自由，经济机会严重缺失；而在社会权益方面，不同于城市居民的单位福利，当时的农村集体化福利基本没有政府财政的支持，城乡福利权益差距明显。于是尽管改革开放前的城乡居民普遍不富裕，但贫困主要发生在农村。这对当今外来务工人员造成了代际影响——由于外来务工人员主要来自农村，透过教育投入、家庭与社会价值观熏陶等代际渠道以及长期不均等的福利制度环境，农村贫困导致了后来一些城市外来务工人员的贫困个体特征，如较差的就业力和较大的家庭抚养负担。①

其次，随着城乡经济机会的增加以及市场效率的体现，代际影响下形成的贫困个体特征成为了当前外来务工人员的决定

---

① 这里是指狭义的就业力，近似于就业力概念，即与就业相关的个体技能和属性（McQuaid & Lindsay，2005）。

性致贫因素。改革开放后，尽管以户籍福利藩篱为代表的社会权益不均等仍然存在，但工农价格剪刀差制度、"吃大锅饭"的公社制度以及农村劳动力外流管制制度陆续成为历史；同时，城镇私营和个体经济等重要就业部门快速发展，劳动市场不断发育，以往农村劳动力经济机会不足的结构性致贫影响不复存在。于是在现如今以效率为原则的劳动市场中，个体特征决定了外来务工人员的收入层次，就业力越好、家庭抚养负担越轻的务工家庭人均收入就越高；而那些受到了贫困代际影响，因而就业力较差、家庭抚养负担较大的外来务工人员，则容易成为城市中的贫困人口。此外，个体特征不仅直接决定外来务工人员的收入层次，还间接决定他们的社会保障水平，这是因为在城市社会保障仍未均等覆盖的当前，外来务工人员的就业力与就业层次、就业层次与就业正规性、就业正规性与工作风险和社会保障权益之间存在着对应关系。于是，工作风险最大、保障最缺乏并最易致贫的外来务工人员，正是就业力最差而只能从事低端劳务的那部分。

2. 外来务工人员致贫的具体影响因素

尽管可行能力理论指出了权益和机会缺失在贫困原因中的重要性，但个体因素的重要性却未被等而视之。毕竟，贫困与否要看个体的基本生活需求有没有被满足，我们不仅要考虑权益和机会缺失造成的可行能力不足，也要考虑权益和机会不缺失时个体的能力不足或需求过大。因此，我们将从个体和结构两种视角出发，对需求和能力两方面的具体影响因素进行分析。

在基本生活需求方面，外来务工人员基本生活需求的影响因素主要是家庭规模、消费观（反映贫困亚文化）和健康状况因素等个体特征。鉴于分析外来务工人员健康状况的致贫影响还需考虑其是否有医疗保险，因此健康状况将作为社会权益因素来分析。家庭规模、偏好享乐程度与务工家庭的基本生活需求均呈正比，因此若其他条件相同，抚养比越大或是偏好享乐的务工家庭基本生活需求也越大，从而越容易致贫（假说一）。

在能力方面，在此主要考虑与务工收入水平紧密相关的就业力。就业力是指读写能力、思维能力、沟通能力、职业知识以及职业态度等技能或属性（McQuaid & Lindsay，2005），我们可以从代表知识水平的学历和代表经验的工龄两方面来考察外来务工人员的就业力。在此我们提出：若其他条件相同，学历越低或务工经验越少的外来务工人员就业力越差、基本生活需求越难以满足，进而越容易致贫（假说二）。以上提到的就业力均是狭义的、个体意义的就业力，鉴于本次调查以家庭为单位，还应考虑家庭层面的就业力。根据 McQuaid 和 Lindsay（2005）提出的就业力内涵，家庭层面的就业力因素主要是家人关怀责任（是否互相关怀）、家庭工作文化（是否鼓励工作）和家庭社会资本。考虑到家庭工作文化与需求因素中的贫困亚文化在理论上有所重叠，家人关怀责任与家庭社会资本在理论上有所重叠（都提到家人互助），在此我们主要考察家庭社会资本。家庭社会资本是务工家庭的亲友之间基于信息或物质资源共享的互助网络，在理论上得到亲友帮助越多的务工家庭越不易致贫。但是，张爽等（2007）发现随着市场化程度的加深，社会资本对农村贫困的减贫作用是显著递减的。这虽然是对农村贫困而言的，但其背后的假说具有启示作用，即随着市场化程度的加深，市场机制逐渐成为配置资源的核心力量而社会资本的作用逐渐减弱。此外这也提示我们，在市场机制下，个体就业力比家庭就业力因素更具减贫作用，家庭社会资本的减贫作用对于个体就业力越强、收入越高的外来务工人员就越小，对就业力越差、收入越低的外来务工人员就越大。Grootaert（1999）在其印尼的研究案例中就有类似的发现，即社会资本的减贫作用对于最贫困群体尤为重要。相应地，我们提出：家庭社会资本具有减贫作用，但仅对部分困难的外来务工人员效果显著（假说三）。

在社会权益方面，由于因伤病致贫在中国城市贫困问题中的突出性，在此我们主要关注医疗保险缺失的致贫影响。从现实来看，因伤病致贫可分为三种情况：一是医疗需求得不到满足，指由于医疗保险的缺失，当同时面对医疗需求和其他基本生活需求时，外来务工人员总是偏好后者；二是医疗需求挤压了其他基本生活需求，指当务工家庭遭遇了性命攸关的伤病，并且高额医疗支出造成了财产透支或债务增加，此时其他的基本生活需求将因医疗支出或还债支出的压力而被挤压；三是务工家庭遭遇因伤病致残，从而造成务工家庭就业能力的永久性下降。我们就以上三种情况提出假说：理论上由于收入低、保障差，贫困务工家庭将收入用于医疗的比例理应更大，但在现实中他们对于不严重的伤病更可能选择"硬抗"，将收入用于医疗的实际比例低于真实需求水平（假说四）；若其他条件相同，遭遇严重伤病时，无医保的外来务工人员承受的医疗开支负担更重，更可能遭遇财产透支和债务问题，甚至是因病致残并陷入长期贫困（假说五）。

在经济机会方面，尽管传统城乡二元结构的经济机会限制已不复存在，但在中国的城镇化进程中出现了新的经济机会影响因素——失地。对于仍愿意从事农业生产的劳动力，失地意味着强制的非农化。若失地农民尚不具有起码的非农从业能力，对他们来说进城后的经济机会反而将减少，正如林乐芬等（2009）所发现的。此外，失地补偿不足则是失地致贫的另一原因。但总体而言，失地农民多来自城郊，相较其他农民，他们更多地得到了城镇化的积极带动，有更强的非农就业力，同时也能有更高的不动产收入，因此总体上失地农民未必就比其他外来务工人员更易贫困。按我们测算的贫困线，本次调查中失地农民的贫困发生率与外来务工人员的总水平无明显差别（28%对29%）；根据张伟宾和王瑜（2013），失地农民的贫困发生率甚至要低一些（8%对10%）。据此我们提出：若其他条件相同，来自东部地区的失地

农民的致贫概率低于来自中西部地区的失地农民（假说六）；①
其次，尽管现实中失地致贫的案例确实存在，但总体上失地农民
未必比其他外来务工人员更易贫困（假说七）

三 指标和数据

在利用本次调查的数据对以上假说进行计量检验之前，我们
需要先根据假说来确定检验所需要的指标，特别是贫困标准的
确定。

1. 变量设置

（1）因变量设置

计量检验将以"是否贫困"的二值变量作为因变量，在此
我们将利用表5-2中的收入和消费贫困标准来设置因变量。之
所以还考虑消费贫困的标准，是因为消费是需求的表现，设定
消费贫困标准有助于分析务工家庭的需求特征。并且，通过对
比分析务工家庭在消费或收入上是否贫困，可识别出致贫的个
体特征和社会权益因素。李实和 Knight（2002）曾根据城市居
民的收支各自是否低于贫困线，提出了持久性贫困、选择性贫
困和暂时性贫困三种城市贫困的类型：部分收入在贫困线以上
的城市家庭由于具有收入和需求的不确定性预期，将家庭消费
压低到了消费贫困线以下，这种情况是选择性贫困；部分收入
低于贫困线的城市家庭由于拥有储蓄或者有较高的预期收入，
其消费高过了贫困线，这种情况是暂时性贫困；还有部分城市
家庭的收入和消费水平长期处于较低水平，甚至均低过了贫困
线，此即持久性贫困。

----

① 虽然林乐芬等（2009）已经得出"对土地依赖较大的失地农民进
城后生活水平反而有所下降"的结论，但是他们的结论仅是在个别乡镇的
调查中所得出，其在全国范围内的适用性值得检验。

以上三种城市贫困类型是基于持久性收入假说提出的，尽管有学者认为持久性收入假说用来分析外来务工人员的消费行为并不合适（钱文荣、李宝值，2013），但是就三种贫困类型的划分而言，其确实有助于验证我们的致贫假说。比如，一般而言，贫困的务工家庭如果就业力低下或生活需求较高，就很可能遭遇收入和消费均长期低于贫困线的持久性贫困；而对于低收入的务工家庭，如果其收入在贫困线以下，但由于遇到了伤病并且医疗支出的增加使得总支出甚至超过了消费贫困线，那他们便属于暂时性贫困；对于非收入贫困的务工家庭，如果他们缺乏社会保障，因而不确定性的预期较强，从而压低现期消费甚至到消费贫困线以下，那么他们就属于选择性贫困。因此，本研究将基于前面测算的收入和贫困线沿用以上三类贫困划分方法，并基于前面测算的收入和贫困线来确定各贫困类型的标准。

（2）自变量设置

计量检验将要用到的指标及其设置情况参见表6-2，表中的自变量除了基于上文7个假说的指标，我们还加入了表示家庭特征的控制变量。

表6-2   外来务工人员致贫因素计量检验的变量设置

	致贫因素/贫困标准	具体指标	类型	释义	单位
因变量	贫困标准	持久性贫困	虚拟	消费低于贫困线且收入低于贫困线	—
		选择性贫困		消费低于贫困线但非收入低于贫困线	
		暂时性贫困		非消费低于贫困线但收入低于贫困线	
		总贫困		消费低于贫困线或收入低于贫困线	

续表

致贫因素/贫困标准	具体指标	类型	释义	单位
			个体因素变量	
就业力	教育水平	连续	户主学历（对小学到大学以上分别取值1—5）	—
	务工工龄		户主在务工地务工的累计时间	年
社会资本	亲友帮助	虚拟	是否得到过务工地亲友的接济（住、职、学）	—
家庭抚养负担	抚养比重	连续	随迁家人中无收入家人的占比	
	子女数量		学龄子女的数量	人
老家需求	带回占比		务工收入中带回老家部分的比重	
偏好享乐	娱乐支出比		娱乐支出占消费总支出的比重	—
			结构因素变量	
社会权益	医疗支出比	连续	务工人员人均收入中用于医疗的比重	
	有医疗保险	虚拟	在务工城市是否办有医保（"是"=1）	
	遭遇伤病		务工家庭是否遭遇过大病或车祸（"是"=1）	—
失地致贫	失地家庭	虚拟	家中土地是否被征（"是"=1，包括部分被征和全部被征，以"东部未被征"为参照）	
	原籍地区域		是否来自发达地区（分东/中/西部）	
			其他因素	
家庭负债	还债占比	连续	去年务工家庭还债数额占总支出的比重	
	自然灾害	虚拟	务工家庭是否遭遇过严重的自然灾害	—
	需抚养子女		随迁家人中是否有未工作子女（"是"=1）	
			控制变量	
家庭或户主特征	城城迁移	虚拟	城城迁移者取值为1	
	已婚家庭		已婚者取值为1，未婚、离异均取值为0	—
	收入增加		务工家庭近几年总收入是否增加（主观评价，"增加"=1）	
	年龄	连续	户主年龄	岁
	政府帮扶		务工家庭得到政府帮扶的次数（在子女上学、申请保障房、帮助就职或培训、讨薪等方面）	次
	打算返乡	虚拟	外来务工人员有明确的返乡打算（"是"=1）	—
	务工城市		在深圳/惠州务工（以在北京务工为参照）	

在此对表6－2作补充说明：一，本次调查的消费包括饮食、住房、培训、还债、医疗、穿着、交通及其他消费，收入包括工资、营业收入、养老金及其他收入；二，由于外来务工人员的带回收入用途包括赡养老人、抚养同胞或子女、家庭投资、房屋乔装、婚丧嫁娶等多种，于是"带回占比"反映的是务工家庭的老家生活需求压力；三，"原籍地区域"参照国家统计局的"四大地带"来划分，由于本次调查中来自东北的务工家庭较少因而并入中部家庭；四，"子女数量"与"抚养比重"均属于家庭抚养类指标，在此同时将二者纳入主要是考虑到由于子女会带来教育和医疗等负担，子女抚养负担与家庭总抚养负担的致贫影响可能不同；五，"社会权益""失地致贫"以及"家庭负债"中的各指标将用来构造交叉项，以帮助检验相关假说，比如遭遇伤病且有医保者理论上要比遭遇伤病且无医保者更不易致贫；六，考虑到当前异地间的医保制度仍不够统筹，所以"有医疗保险"特指外来务工人员在务工地是否有医保。

2. 变量特征描述

表6－2中所有连续和虚拟变量的统计特征分别见表6－3和表6－4，在表6－4中还列出了务工家庭的人均收支和户主工资情况。

表6－3　　　　　　　　　　　虚拟变量的样本特征

变量	持久性贫困 (35)		选择性贫困 (153)		暂时性贫困 (19)		总贫困 (207)		非贫困 (504)		总样本 (711)	
	频数	频率	频数	频率	频数	频率	频数	频率	频数	频率	频数	频率
亲友帮助	13	37%	72	47%	11	58%	96	46%	164	33%	260	37%
遭遇伤病	3	9%	7	5%	5	26%	15	7%	26	5%	41	6%
有医疗保险	17	49%	49	32%	13	68%	79	38%	272	54%	351	49%
失地家庭	4	11%	21	14%	4	21%	29	14%	74	15%	103	14%
来自东部	11	31%	59	39%	6	32%	76	37%	172	34%	248	35%

续表

变量	持久性贫困 (35)		选择性贫困 (153)		暂时性贫困 (19)		总贫困 (207)		非贫困 (504)		总样本 (711)	
	频数	频率	频数	频率	频数	频率	频数	频率	频数	频率	频数	频率
来自中部	16	46%	41	27%	9	47%	66	32%	194	38%	260	37%
来自西部	7	20%	51	33%	3	16%	61	29%	120	24%	181	25%
打算返乡	6	17%	50	33%	4	21%	60	29%	115	23%	175	25%
城城迁移	3	9%	20	13%	5	26%	28	14%	149	30%	177	25%
已婚家庭	21	60%	72	47%	17	89%	110	53%	261	52%	371	52%
收入增加	5	14%	30	20%	2	11%	37	18%	109	22%	146	21%
北京务工	6	17%	16	10%	1	5%	23	11%	139	28%	162	23%
深圳务工	24	69%	119	78%	18	95%	161	78%	340	67%	501	70%
惠州务工	5	14%	18	12%	0	0%	23	11%	25	5%	48	7%

表6-4　　　　　连续变量的样本均值和标准差

变量	持久性贫困		选择性贫困		暂时性贫困		总贫困		非贫困		总样本	
	均值	标准差	均值	标准差	均值	标准差	均值	标准差	均值	标准差	均值	标准差
人均收入	16449	5360	49231	21206	20709	3037	41070	22980	70801	40815	62146	38937
人均消费	7632	3877	9326	3606	26822	18772	10646	8357	38633	22703	30484	23394
户主工资	33906	16932	53308	26614	37962	18278	48619	25744	78441	60092	69759	54170
教育水平	2.60	0.85	2.50	0.86	2.95	0.85	2.56	0.86	3.17	0.91	2.99	0.94
务工工龄	6.10	5.35	3.85	3.61	8.55	5.58	4.67	4.39	5.66	4.75	5.37	4.67
抚养比重	0.44	0.30	0.08	0.17	0.44	0.28	0.17	0.26	0.08	0.18	0.11	0.21
子女数量	0.43	0.74	0.10	0.38	0.89	0.81	0.23	0.56	0.14	0.40	0.17	0.45
带回占比	0.02	0.08	0.16	0.41	0.09	0.17	0.13	0.36	0.06	0.11	0.08	0.22
娱乐支出比	0.02	0.04	0.07	0.13	0.02	0.04	0.06	0.11	0.06	0.08	0.06	0.09
医疗支出比	0.04	0.08	0.02	0.04	0.26	0.47	0.05	0.16	0.04	0.09	0.04	0.11
还债占比	0.01	0.08	0.01	0.04	0.08	0.15	0.02	0.07	0.02	0.08	0.02	0.08
政府帮扶	0.26	0.51	0.28	0.70	0.26	0.93	0.28	0.69	0.20	0.61	0.23	0.63
户主年龄	30.20	7.91	28.63	8.21	32.11	5.52	29.22	8.00	30.71	7.71	30.28	7.82

　　从表6-3和表6-4可看出外来务工人员最明显的三个贫困特征：第一，贫困样本大多数是选择性贫困，约占74%；第二，务工家庭的人均消费平均仅为人均收入的一半，与国家统计局《农民工监测调查报告》的调查结果一致，[①] 从图6-1可看出，当人均收入在1万元以下时，表示务工家庭人均消费的拟合线与人均收入散点图几乎重合；第三，三种贫困类型恰好也代表了外来务工人员的三个收入层次——从选择性贫困、暂时性贫困到持久性贫困的务工家庭，人均收入依次降低，其中持久性和暂时性贫困更接近传统的温饱型贫困。

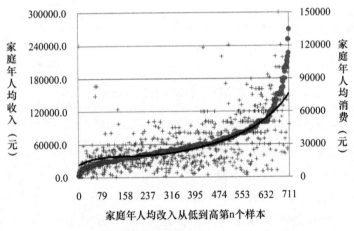

图6-1　回归分析样本的家庭人均收入和人均消费

　　外来务工人员其他值得注意的特征是：①外来务工人员在务工城市办有医保的约占一半，而贫困的外来务工人员只有约38%在务工地有医保；②贫困的外来务工人员的收入带回占比和抚养比重均是非贫困务工家庭的两倍多，其中选择性贫困的外来务工人员带回占比最高，持久性和暂时性贫困外来务工人员的抚养比

---

① 我们调查的外来务工人员消费相当于《农民工监测调查报告》中的居住和生活消费。参见国家统计局《2015年农民工监测调查报告》，ht-tp：//www. stats. gov. cn/tjsj/zxfb/201604/t20160428_ 1349713. html

重最高；③贫困和非贫困务工家庭中的失地家庭占比区别不大，总体在14%左右；④从比例来看，有返乡意愿的贫困务工家庭稍多于非贫困务工家庭；⑤暂时性贫困者的负债率、遭遇伤病比例、医疗支出比以及子女数量均是最高；⑥选择性贫困者的教育水平、务工工龄是各组中最低的，但同时家庭人均收入、户主工资又是最高的，一定程度上反映出外来务工人员中"不要社保要工资"现象的存在，因为选择性贫困者中有医疗保险的比例也最低。①

四　回归分析

1. 模型设计

由于表6-2设置的因变量是虚拟变量，并且存在多个取值，而各取值（除了总贫困）之间互为互斥事件，同时也不存在顺序差别，因此适宜用多值选择模型（multinominal model）进行回归。相较Probit模型，Logit模型更便于运算和解释，故在此选择Logit的多值和二值模型。回归模型设计如下：

$$P(Y_k = 1 \mid x) = \begin{cases} f(k) = F(\alpha' x_{1i} + \beta' x_{2i} + \gamma' x_{3i}), k = 4 \text{（公式6-1）} \\ \dfrac{f(k)}{f(0) + f(k)}, k = 1,2,3 \text{（公式6-2）} \end{cases}$$

$Y_k = 1$ 根据不同的 k 值（$k = 0,1,2,3,4$）分别表示非贫困、永久性、选择性、暂时性和总贫困，因此公式6-1表示二值模型，而公式6-2表示多值模型，$F(x)$表示Logistic累计概率函数。α、β、γ表示估计系数，x_{1i}表示连续变量，x_{2i}表示虚拟变量，x_{3i}表示虚拟变量和连续变量的交叉项。

----

① 实际上选择性贫困者不仅拥有医保的比例最少，总的来看他们拥有的社会保险也最少，平均拥有2.67个，而持久性贫困者和暂时性贫困者分别平均拥有2.91个和3.21个。

需要说明：①由于本次调查问卷采用分层抽样法进行发放，并且进一步做了筛选，因此回归系数将基于经抽样权重调整的标准差来计算；②为了合理比较各指标的边际致贫影响大小，在回归前所有连续变量都将进行标准化处理，故其单位变为"1个标准单位"；③为方便解释，我们将直接报告自变量的平均边际效应（以下简称边际效应）而不报告直接的回归结果，而二值模型中的边际效应表示变量的单位变化引起的致贫概率变化，多值模型中的边际效应则表示变量的单位变化同时引起的各类致贫概率的变化；④由于贫困和遭遇伤病存在理论上的双向因果关系，① 回归存在一定的内生性，但经反复试验，调查指标中无法找到强工具变量，因此我们将不使用工具变量法，以免得到偏差更大的估计结果；⑤由于模型使用的交叉项多由虚拟变量组成，因此同时加入交叉项和组成交叉项的虚拟变量将造成高度共线性，因此我们首先进行不含交叉项的初步回归作为对照，然后再加入交叉项、舍掉重复的虚拟变量进行回归。

2. 回归结果及分析

（1）初步回归

初步回归不含有交叉项，回归结果见表6-5。

表6-5   各致贫因素对各贫困类型的平均边际效应（一）

		多值 Logit 回归			二值 Logit 回归
		持久性贫困	选择性贫困	暂时性贫困	总贫困
个体因素	教育水平	-0.0153**	-0.0846***	0.00453	-0.0980***
	务工工龄	-0.0107	-0.0553***	-0.00511*	-0.0673***
	亲友帮助（虚拟）	0.00298	0.0256	0.0119*	0.0444

----

① 由于贫困的外来务工人员往往工作收入低并且工作风险大，他们最容易遭遇伤病；反过来，伤病越多或越严重，外来务工人员越可能因透支财产或压抑医疗需求而遭遇不同的贫困。

续表

		多值 Logit 回归			二值 Logit 回归
		持久性贫困	选择性贫困	暂时性贫困	总贫困
个体因素	抚养比重	0.0597***	0.0406*	0.0151***	0.152***
	随迁子女数	-0.0169***	0.00438	0.00497**	-0.0202
	带回占比	-0.0575**	0.0691***	0.0175***	0.0489**
	娱乐支出比	-0.0227**	0.0212*	-0.0256***	-0.00849
结构因素	医疗支出比	-0.0142	-0.101**	0.00803***	-0.0106
	遭遇伤病（虚拟）	0.0324*	0.0808	0.0160**	0.116**
	有医疗保险（虚拟）	-0.0160	-0.0221	0.00761	-0.0279
	失地家庭（虚拟）	-0.0258*	-0.0613*	0.0196**	-0.0586*
其他因素	还债占比	0.00375	-0.0203	0.00320	-0.00649
控制变量	城城迁移（虚拟）	-0.0478**	-0.0567	0.0112	-0.0933***
	已婚家庭（虚拟）	-0.0192	-0.00567	0.0279*	-0.0168
	收入增加（虚拟）	-0.0172	0.00949	0.00179	-0.00884
	户主年龄	0.00330	-0.0104	-0.00873*	-0.0187
	政府帮扶	-0.003	0.0316**	0.00195	0.0332**
	打算返乡（虚拟）	0.00850	0.0725***	0.00357	0.0910***
	深圳务工（虚拟）	0.0171	0.0410	0.0254	0.0868**
	惠州务工（虚拟）	0.0467**	0.138***	-0.268***	0.0939*

注：***、**、*分别表示在 0.01、0.05、0.1 置信水平上显著，表 6-6 同；限于篇幅未列出估计标准误。

从总贫困回归的结果来看，在个体特征方面：①务工家庭的抚养比重平均提高 1 标准单位，其边际致贫概率就平均提高 15%，是所有指标中边际效应最强的，表明家庭抚养负担是外来务工人员最大的致贫因素；而另一方面，子女带来的抚养负担总体上没有显著的致贫影响；②带回占比的边际效应同样显著，其平均提高1个标准单位，外来务工人员的边际致贫概率就平均提高约5%，但由于老家生活需求并不全是基本生存需求，因此老家生活需求所造成的不全是温饱型贫困，对此的进一步分析需要在多值回归中进行；③娱乐支出比的边际效应为负并且不显著，初步表明娱乐支出比在总体上与外来务工人员是否致贫没有显著的相关性；④外来务工人员的教育水平和务工工龄平均降低1个标准单位，边际致贫概率就将分别平均提高约10%和7%，初步表明了就业力差确实是外来务工人员致贫的主要原因；务工工龄的边际效应弱于教育水平，表明知识水平对外来务工人员经济水平的决定作用强于经验积累；此外务工工龄边际效应显著为负的结果也与李善同等（2008）的调查发现一致，即越缺乏务工经验的外来务工人员越可能致贫；⑤亲友帮助的边际效应为正，意味着接受亲友帮助的更多是贫困的外来务工人员，但这个边际效应不显著。

总贫困的社会权益因素方面：①按照理论情形，若医疗支出比反映真实需求水平，那么医疗支出比越高的越可能是贫困务工家庭，但表6-5中的结果表明在现实中，医疗支出比越小的越可能是贫困的务工家庭，与理论情形的需求变化相反；尽管不显著，但仍说明贫困务工家庭真实医疗需求的表达远低于足够显著的水平，初步证实了假说四；②相比未遭遇伤病的务工家庭，遭遇伤病的务工家庭的边际致贫概率显著高出约12%，表明遭遇伤病与致贫确实存在着正相关关系；在医保方面，尽管外来务工人员中有医保者的边际致贫概率比无医保者低约3%，但并不显著；③相比非失地家庭，失地的家庭边际致贫概率要低约6%，这个结果的显著性不是很强，初步证实了失地农民和非失地农民之间不存在边际致贫概率上的显著差别。其他因素方面，还债占比指标的边际效应为负，表明家庭支出用于还债的比例越高的越可能是非贫困务工家庭，但是这个边际效应并不显著。

总贫困回归的控制变量中，城城迁移务工家庭的边际致贫概率平均比乡城迁移的务工家庭低9%；得到政府帮扶越多的更可能是贫困务工家庭；打算返乡的也更可能是贫困的外来务工人员；深圳、惠州两地的外来务工人员比北京的更易致贫，但惠州务工的边际效应不是很显著；其他指标同样没有显著相关性。

多值回归的结果与总贫困回归的结果有明显不同，反映出了不同贫困类型的致贫原因。在个体特征方面：①务工人员的教育水平和务工工龄越高，其遭遇各类型贫困的概率就越低，但是这两个指标对暂时性贫困却没有显著的边际效应，表明暂时性贫困另有成因；②亲友帮助只对暂时性贫困有弱显著的边际效应，但对比其对不同贫困类型的边际效应可发现，家庭社会资本的假说三在一定程度上得到了反映——得到亲友帮助的外来务工人员遭遇持久性、暂时性和选择性贫困的边际概率变化实际上是递增的，意味着得到亲友帮助的贫困外来务工人员更可能是其中收入水平稍高的暂时性和选择性贫困者；③在家庭抚养负担方面，抚养比重平均提高1个标准单位，外来务工人员属于持久性贫困的概率平均提高得最多；带回占比平均提高1个标准单位，外来务工人员属于选择性贫困的概率平均提高得最多；尽管随迁子女数与总贫困回归是不显著的负相关关系，但随迁子女数平均增加1个标准单位时，外来务工人员遭遇暂时性贫困的概率平均提高得最多，初步表明子女的抚养负担是暂时性贫困务工家庭"超支"的原因之一；④当娱乐支出比平均提高1个标准单位，外来务工人员遇到收入水平稍高的选择性贫困的概率平均提高得最多，联系到娱乐支出比对总贫困的边际效应为负且不显著，可以确定娱乐支出比所代表的偏好享乐不是中国城市外来务工人员的致贫原因，并且从表6-4中也可看出外来务工人员的娱乐消费水平是正常地随着收入水平提高而提高的。

多值回归的结构因素中：①医疗支出比对总贫困、持久性和选择性贫困的边际效应均为负，但对暂时性贫困却显著为正，意味着贫困务工家庭中医疗支出比越高的越可能是暂时性贫困，因此医疗支出是暂时性贫困的成因之一；这也可以从遭遇伤病的边际效应看出——遭遇伤病对暂时性贫困与对总贫困一样，均具有显著为正的边际效应，而对其他两类贫困的边际效应不显著；②相比无医保者，外来务工人员中有医保者遭遇各类型贫困的概率变化均不显著，初步看来医保在实际中的减贫保障作用并不显著；③失地家庭仅对暂时性贫困具有显著为正的边际效应，反映出暂时性贫困的另一潜在原因——虽然失地家庭的收入水平在贫困线以下，但是由于拥有失地赔偿款，因此失地家庭的消费水平高于贫困线；④若务工家庭的还债占比平均提高1个标准单位，务工家庭遭遇任何类型贫困的概率变化均不显著，但其中只有遭遇选择性贫困的概率变化为负，反映出选择性贫困家庭债务压力最小。

最后从多值回归中控制变量的边际效应来看，乡城迁移的务工家庭比城城迁移更容易遭遇持久性贫困；外来务工人员得到政府帮扶增加1个标准单位，其属于选择性贫困的概率将增加最多；打算返乡的也更可能是选择性贫困的外来务工人员。深圳的务工者与北京的务工者在遇到各类贫困的概率方面没有显著区别，但惠州的务工者遭遇持久性和选择性贫困的概率均显著高于北京的务工者，遭遇暂时性贫困的概率则显著低于北京的务工者。其他控制变量在多值回归中均没有太强的显著性。

（2）加入交叉项的回归

初步回归的结果大致表明了各类型贫困外来务工人员的致贫原因，但仍有以下问题需要回答：遭遇伤病的务工家庭中，有医保者和无医保者在边际致贫概率上是否显著不同？来自非农化水平更高区域的失地家庭是否有更低的边际致贫概率？医疗支出和子女抚养负担哪个是暂时性贫困务工家庭的致债原因？为此，我们将用拥有医保和遭遇伤病（以"有医保且无伤病"作参照）、原籍地区域和失地家庭（以"东部未失地家庭"为参照）以及遭遇伤病、是否有子女和还债占比来分别构造交叉项并放入回归，并通过分析交叉项的边际效应来回答以上问题。需说明，由于样本容量的限制，个别的交叉项放入多值回归时出现了完美预测问题（perfect prediction），比如有伤病且无医保的外来务工人员无持久性贫困、有伤病且有子女的外来务工人员无选择性贫困。而由于多个因变量出现完美预测将导致回归不收敛，因此我们只将以上交叉项同时放入总贫困的二值回归，多值回归中仅放入还债占比的三重交叉项。①

表 6 - 6　　　　　各致贫因素对各贫困类型的平均边际效应（二）

		多值 Logit 回归			二值 Logit 回归
		持久性贫困	选择性贫困	暂时性贫困	总贫困
个体因素	教育水平	− 0. 0167 **	− 0. 0877 ***	0. 00664	− 0. 0942 ***
	务工工龄	− 0. 0104	− 0. 0593 ***	− 0. 00485	− 0. 0683 ***
	亲友帮助（虚拟）	0. 00378	0. 0218	0. 0133 *	0. 0393
	抚养比重	0. 0553 ***	0. 0378 *	0. 0158 ***	0. 148 ***
	随迁子女数	− 0. 0161 ***	0. 00453	0. 00645 ***	− 0. 0208
	带回占比	− 0. 0452 **	0. 0704 ***	0. 0176 ***	0. 0480 **
	娱乐支出比	− 0. 0238 **	0. 0234 **	− 0. 0252 ***	− 0. 00724
结构因素	医疗支出比	− 0. 0227	− 0. 0981 **	0. 0101 ***	− 0. 00930
	因伤病致贫无医保无伤病（虚拟）	—	—	—	0. 037
	无医保有伤病（虚拟）	—	—	—	0. 0747
	有医保有伤病（虚拟）	—	—	—	0. 220 ***

────────────

　　① 有伤病有子女和有伤病无子女完美预测了持久性贫困和选择性贫困，但是各交叉项对暂时性贫困以及总贫困无此问题。

续表

		多值 Logit 回归			二值 Logit 回归
		持久性贫困	选择性贫困	暂时性贫困	总贫困
结构因素	失地家庭（虚拟）	− 0.0271 *	− 0.0603 *	0.0215 **	—
	东部失地家庭（虚拟）	—	—	—	− 0.0141
	中部非失地家庭（虚拟）	—	—	—	− 0.0252
	中部失地家庭（虚拟）	—	—	—	− 0.0539
	西部非失地家庭（虚拟）	—	—	—	0.0164
	西部失地家庭（虚拟）	—	—	—	− 0.122 **
其他因素	还债占比				
	无伤病无子女	0.00599	− 0.00827	0.00500 ***	− 0.000562
	无伤病有子女	− 0.00831	− 0.0977 *	0.00138	− 0.0145
	有伤病无子女	− 0.0404	− 0.708 **	0.0311 **	− 0.0978 *
	有伤病有子女	− 0.396	0.0721	0.0304 ***	− 0.0188
控制变量	城城迁移（虚拟）	− 0.0407 **	− 0.0538	0.0109	− 0.0988 ***
	已婚家庭（虚拟）	− 0.0227 *	0.000246	0.0317 **	− 0.00145
	收入增加（虚拟）	− 0.0119	0.00568	0.00242	− 0.0175
	户主年龄	0.00296	− 0.0118	− 0.0101 *	− 0.0198
	政府帮扶	− 0.00232	0.0274 **	0.00203	0.0307 **
	打算返乡（虚拟）	0.00563	0.0716 ***	0.00414	0.0789 ***
	深圳务工（虚拟）	0.0149	0.0385	0.0234	0.0792 **
	惠州务工（虚拟）	0.0395 *	0.131 ***	− 0.283 ***	0.0948 *

最终回归的结果见表6－6。相比初步回归，加入交叉项后除了个别控制变量的显著性出现较大变化，大多数边际效应的正负

性和显著性没有明显的变化，回归模型整体比较稳健，所以我们在此仅对后加入的交叉项的边际效应进行解释。首先看有医疗保险与遭遇伤病的交叉项，结果表明，在有医保的外来务工人员中，有伤病者比无伤病者的边际致贫概率显著高出了22%；无医保的外来务工人员中，有伤病者的边际致贫概率也高于无伤病者，尽管后者不显著，但仍可看出遭遇伤病确实是外来务工人员一个致贫原因；而有伤病者的外来务工人员中，由于无医保者的边际致贫概率与参照组无显著区别，有医保者的边际致贫概率反而显著高出无医保者，与假说五的判断相反。出现这个结果有两种解释：一，这个结果证明了外来务工人员有因伤病致残并致贫的情况，比如调查中发现的那些曾遭遇车祸的外来务工人员，此时医保并不为他们提供长期生活保障；二，由于我们调查的"遭遇伤病"针对的是务工家庭，而有无医保针对的是户主，因此这个结果还表明遭遇伤病的是外来务工人员的家人。

其次，失地家庭交叉项的边际效应表明，在非失地家庭中，西部家庭边际致贫概率最高而中部家庭边际致贫概率最低；在失地家庭中，东、中、西三地家庭的边际致贫概率依次递减；但所有失地家庭交叉项中，只有西部失地家庭的边际效应显著。因此，尽管总体上失地家庭的边际致贫概率确实不高于非失地家庭，但是发达地区失地家庭边际致贫概率更低的假说在东、中、西部三大区域的层面上并未证实。可与此同时，调查数据表明东部失地农民的贫困发生率（24%）确实要低于中西部失地农民（31%），对此合理的解释是：鉴于边际致贫概率是在控制其他变量时自变量边际变化引起的概率变化，同时也考虑到除了在务工工龄方面相差无几之外，相比中西部失地农民，东部失地农民的教育水平更高、抚养比重更低，甚至也更少地遭遇伤病。所以在控制这些因素后就能发现，东部失地农民的致贫更少地受到失地所反映的非农能力影响，而这实际上体现了个体特征对致贫的决定作用。

　　最后，虽然初步回归中单个的还债占比指标不具有显著的边际效应，但根据潜在致债原因对其进行分类以后，个别类别的交叉项表现出了显著的致贫影响。总贫困回归中，仅仅有伤病无子女的交叉项有微弱的显著性，并且所有的边际效应均为负，这与初步回归中单个还债指标为负且不显著的边际效应基本一致。值得注意的是多值回归的结果。一方面，无伤病无子女的务工家庭的还债占比平均升高 1 个标准单位，其遭遇暂时性贫困的概率就平均显著提高 0.5%，而其遭遇其他贫困的概率变化均不显著。这个显著性强但边际变化小的概率变化表明，暂时性贫困家庭的债务有一部分是由非子女抚养负担、非医疗支出的原因所造成。另一方面，无论是否有子女，有伤病者的还债占比对暂时性贫困的平均概率变化均显著为约 3%，考虑到无伤病有子女交叉项对暂时性贫困的边际效应和显著性都很弱，可知暂时性贫困者的债务主要是伤病治疗支出引起的，假说五由此得到证实。

　　综合来看三种贫困类型的致贫原因，对于持久性贫困者，家庭抚养负担大以及相对较差的教育水平是他们首要的致贫原因，他们是外来务工人员中的温饱贫困者。对于暂时性贫困者，他们多属于务工时间不长并且婚育不久的年轻家庭，若仅从年收入水平来看，他们也是外来务工人员中的温饱贫困者；然而他们的消费水平却高于消费贫困线，有的暂时性贫困者的支出是用于子女抚养，有的则用来偿还因伤病医疗支出导致的债务。从失地家庭和亲友帮助对暂时性贫困显著为正的边际效应来看，暂时性贫困者的支出来源除了务工收入，还包括亲友的接济和此前家中的失地补偿。暂时性贫困者的债务成因表明了外来务工人员中存在因伤病致贫，即伤病支出造成其财产透支、生活压力加重。对于消费上贫困而收入上不贫困的选择性贫困者，"赚钱回家"是他们首要的致贫原因。最能体现这一点的是无论是在统计比例上还是在边际效应上，选择性贫困者是各类型贫困者中打算返乡意愿最强的。这一点还能从他们拥有最高的收入带回占比以及"不要社保要工资"看出。鉴于选择性贫困者在贫困的外来务工人员中占了大部分，选择性贫困的特征以及致贫原因反映了当前外来务工人员的主要贫困现状。

五 小结

本次研究比较系统全面地对中国城市外来务工人员的致贫原因进行了分析。从历史发展的角度看，城乡二元结构造成的农村贫困是中国城市外来务工人员贫困的结构性根源，农村贫困的代际传递导致了当前一些外来务工人员就业力相对较差、家庭抚养负担较重的贫困个体特征。在城乡劳动力市场不断发育成熟而城市社会保障仍未均等覆盖的当前，个体特征对外来务工人员的致贫影响是决定性的，直接决定了他们的收入水平并间接决定了他们的保障水平。

对致贫因素假说的计量检验表明，贫困个体特征确实是中国城市外来务工人员的主要致贫影响因素。其中，较大的家庭抚养负担是外来务工人员最大的致贫影响因素，其次是遭遇伤病、较低的学历水平和较短的务工工龄。对于因伤病致贫，我们将其分为医疗需求受抑、导致财产透支、因残长期贫困三种，检验结果证实了这三种情况均在外来务工人员中存在。此外，尽管失地致贫现象在现实中是存在的，但由于失地家庭更多受到了城镇化的辐射带动，其总体的致贫概率反而显著低于非失地家庭；同时，由于更多受到个体特征的影响，原籍地非农化因素对东部失地农民的减贫作用小于中西部失地农民。在控制了其他致贫因素的情况下，贫困外来务工人员中得到亲友帮助最多的收入水平要高一些，但由于这个显著性较弱，所以家庭社会资本的减贫作用并非主要。我们还检验了反映"贫困亚文化"偏好享乐的娱乐消费对外来务工人员的致贫影响，结果表明娱乐消费不具有显著的致贫影响，并且外来务工家庭的娱乐消费水平是正常地随着收入水平提高而提高的，所以偏好享乐的致贫影响并不存在。

　　总的来说，外来务工人员贫困具有明显的"消费贫困"特征——外来务工人员消费收入比平均仅约为50%，并且所有贫困外来务工人员中，收入高于贫困线但消费低于贫困线的那部分占了74%。这反映了当前较多外来务工人员"赚钱回家"的心理，因为我们发现了那部分外来务工人员中"要工资不要社保"现象的存在，同时在计量检验中他们的返乡意愿也显著最强，收入中带回老家的比例不仅高于其他贫困类型者，也高于非贫困者。

第七章　主要国家城市贫困治理的
经验及启示

一直以来，城市贫困都是困扰各国城市政府的难题。当前大部分国家的城市贫困问题已经由绝对贫困转向了绝对贫困与相对贫困并存。城市贫困问题给城市的经济发展和社会稳定带来了严重的威胁，各国为解决城市贫困问题作出了许多努力，积累了丰富的经验。经济发展阶段的不同与社会历史文化的差异使得发达国家和发展中国家在制定城市贫困标准、划定贫困线等方面具有一定的差别，其面临的具体问题也不同。研究及比较世界各国的城市贫困状况可以帮助我们更深入地理解当前中国城市贫困问题的性质和特点，尤其是深入理解贫困现象背后的经济、政治和社会文化因素的综合性作用，对解决中国的城市贫困问题具有重要启示。

一　英国的城市贫困及治理

（一）英国城市贫困现状与特征

英国是世界上第一个完成工业化的国家，也是第一个实现城市化的国家，其城市贫困问题在中世纪晚期就已经出现。从1950年开始建设现代福利国家制度之后，英国的绝对贫困就已经基本消除，进入相对贫困阶段。当前，英国以"低于全国居民收入中位数的60%"作为评判城市人口贫困的标准，其中收入指的是税后收入。按照这一标准，欧洲统计局（Eurostat）的数据显示，

2014 年英国大约有 15.9% 的人生活在贫困线以下。

从贫困人口的构成与致贫原因来看，当前英国城市贫困人口主要包括失业和低收入就业群体（关信平，2007）。失业人群中约有三分之一属于提前退出劳动力市场，这些人主要包括低技术人员和低教育水平者。他们或由于社会劳动力需求的减少找不到合适的工作而不得不退出劳动力市场，或是受英国完善的社会福利保障制度影响，劳动的意愿减退而主动退出劳动力市场。同时，自 1980 年以来，由于经济领域就业模式以及政府对就业者保护政策的变化，使得英国的低收入就业问题凸显，并成为导致贫困的重要原因之一。1980 年以前，英国政府有一系列在基本工资和就业条件上保护就业者的规定。但 1980 年后，这些规定逐渐被终止或弱化，例如，1982 年英国政府终止了"公平工资规定"，1986 年废除了对年轻就业者工资保护规定，1993 年工资委员会被完全取消。对低收入者保护制度的弱化以及原有制度执行不力，使得英国就业者的收入差距不断拉大，低收入者长期大量存在。

（二）英国城市贫困的治理体系

当前，英国主要通过国家福利体系防治城市贫困，同时也采取了一些补充措施。

1. 英国的国家福利体系

从 1950 年起至今，英国的国家福利体系已经形成了一个庞大的系统工程，完善地覆盖了社会的各个阶层，保障了人生的各个阶段。英国国家福利体系通过国家立法和社会保障部集中统一管理，保证各项福利有效实施。每一位英国公民根据其年龄、收入、纳税和家庭状况等基本情况，被划分为不同的国民保险税缴税等级。英国的国家福利体系可以分成三部分，即养老保险系统、社会福利系统、社会服务系统。

（1）养老保险系统。英国的国家养老保险制度由国家养老金计划、职业养老金计划和个人养老金计划组成（财政部国际司，

2013）。其中职业养老金计划和个人养老金计划属于私人养老金计划，用于满足更高要求的养老待遇。国家养老金计划则是政府为保障退休员工基本生活需要而设定的，由基本养老金计划（BSP，Basic State Pension）、第二养老金计划（S2P，State Second Pension）和养老金补贴制度（MIG，Minimum Income Guarantee）组成。基本养老金计划的资金来源于国民保险税，领取年龄为男性65岁，女性60岁，2015年基本标准为每周119.3英镑。对于缴纳了国民保险税但没有参加私人养老保险计划的公民，将自动纳入第二养老金计划，养老金水平约为其职业生涯中收入最高20年的平均工资的四分之一。养老金补贴制度是针对已经领取国家养老金，但收入依然在贫困线以下的退休老人，该补贴能使他们达到国家的最低收入标准，防止他们因年老致贫。

（2）社会福利系统。英国有着庞大的社会福利系统，主要包括医疗福利、低收入福利、求职津贴、孩童福利、住房福利、残疾人津贴、伤病就业支持津贴等内容（见表7-1）。

表7-1　　　　　　　　　英国的社会福利系统

福利名称	福利内容	受益人
医疗福利	全民免费医疗 NHS（National Health Service）	全体居民
低收入福利	每周57.9英镑	16周岁以上无法工作或工作时间过短导致收入过低的孕妇或单亲父母
求职津贴	16—24岁每周57.9英镑，25岁以上73.1英镑，超过18岁的夫妇每周114.85英镑	失业人口，每两周向政府汇报一次确认在积极找工作
孩童福利	每周可领取20.7英镑（第一个孩子）或13.7英镑（此后的孩子）	16岁以下孩子，或20岁以下仍在接受教育的孩子
住房福利	由政府直接建设公租房提供，补贴部分或全部租金并对占用多余公租房的行为实施处罚	低收入家庭
	申请住房补贴（LHA），一间卧室最高补贴260.64英镑，两间302.33英镑，三间354.46英镑	所有自主租房的租客

续表

福利名称	福利内容	受益人
残疾人津贴	根据残疾人的状况分等级津贴,需要一般性照顾每周21.8英镑,全白天看护每周55.1英镑,日夜看护每周82.3英镑;户外活动、行走困难的还有额外补贴,最高每周57.45英镑	所有3岁到65岁有生理或心理残疾的公民
伤病就业支持津贴	13周评估期内25岁以下每周57.9英镑,25岁以上每周73.1英镑;评估通过后工作组每周102.15英镑,非工作组每周109.3英镑	因为长期伤病导致就业困难的公民,通过评估决定能否参与适当的工作

资料来源:根据英国政府网站(https://www.gov.uk)相关资料整理。

(3)社会服务系统。社会服务系统是英国政府设专门机构并组织社会志愿者对有特殊困难的人提供福利设施及相关服务,资金来源于地方政府拨款,具体事务由社会服务部或社会工作部负责,服务对象是老年人、残疾人、失去父母照料的儿童及精神病人。主要项目包括为老年人开设养老院,为残疾人开设康复中心以及提供技术培训,提供单亲儿童和孤儿的收养、残疾儿童康复护理和教育保护等。同时,英国政府还鼓励公民照顾需要帮助的残疾人,对于16周岁以上、照顾残疾人每周35小时以上且周收入低于110英镑的居民,可以申请每周62.1英镑的照顾者补贴。

2. 英国城市贫困治理的补充措施

除了国家福利体系之外,英国城市贫困治理还有一些补充措施。

(1)针对就业问题的贫困治理

由于就业问题是当前英国城市贫困的主要原因,英国政府也从两个方面采取更具体的贫困治理措施。一是改变激励方式。从1995年起,英国政府将原有的失业保险改为求职津贴(JSA,Jobseeker's Allowance),调整了对失业者的激励方式。一方面该津贴同失业保险一样,主要为失业者提供基本生活保障,防止失业者因失业进入贫困状态;另一方面则要求失业者必须每两周向当局汇报其找工作的情况，确认在积极找工作的失业者可以继续领取津贴，而不积极找工作的失业者则将失去福利。二是实施积极就业政策。英国的"积极就业政策"强调促进就业，鼓励和奖励失业者通过各种形式的非正规就业或主动就业减少失业现象。积极就业政策包括促进就业政策和补贴就业政策（周涛，2004）。促进就业政策是通过发展中小企业、开发新兴产业、建立就业区和就业工作队等方式增加就业岗位，扩大就业机会，解决困难人群和地区的就业问题。补贴就业政策则根据不同的年龄和失业类型，对志愿工作、自主创业和就业培训实施补贴。同时，政府积极把失业者纳入就业、教育和培训体系中，提高失业者把握就业机会的能力（曹清华，2010）。英国的公共就业服务系统实行垂直领导，在全国总部下面设有 9 个大区局、135 个地方局和 1300 多个基层就业服务中心，年预算拨款约 10 亿英镑，实施就业服务和培训。

（2）以社区为基础的区域反贫困政策

20 世纪 90 年代后期，英国新工党政府提出了新的社会经济路线，开启了英国的"社区复兴运动"。"社区复兴运动"是区域反贫困政策的代表，它以改善公共服务、缩小区域差距为目标，以社区为单位，通过相互合作、资源共享的方式，改善落后社区中贫困群体的教育、医疗、住房及就业，最大限度地避免贫困社区和贫困群体的社会排斥（徐延辉等，2013）。该政策在就业上直接在社区引进可持续发展的企业，提高地区经济表现并改善就业；在医疗上，主要是设立基金，发展社区医疗卫生中心；在住房方面，一是努力为贫困家庭改善住房，二是积极打造混合社区，保证贫困群体生活体面。社区扶贫的方式既直接提升了贫困社区中居民的生活水平，提高了贫困治理的效率，也有效改善了贫困社区的居住环境，促进了城市整体居住质量的提高。

（三）英国城市贫困治理的启示

英国的工业化和城市化进程均走在世界前列，因此最早经历了城市发展的问题与困境，其对于城市贫困的治理有很多先进的经验与启示。

一是英国对于"福利病"的改进。以英国为代表的欧洲国家，大都在 20 世纪建立起了相对完善的国家福利体制。这种从"摇篮到坟墓"的国家福利体制一方面为全体公民的生活质量作出了基本保障，有效地消灭了绝对贫困，但也挫伤了部分劳动者的积极性，使他们提前退出了劳动力市场，导致政府陷入了税收收入减少、福利支出增加的"福利病"窘境。英国从 20 世纪 70 年代就开始进行福利制度改革，希望通过改变福利发放方式、实施"工作福利"计划等制度改革，扭转社会风气，促使劳动力重新返回工作岗位。因此，在建立福利制度治理城市贫困的同时，也应当注重制度的可持续性，只有持续有效的制度才能实现社会的均衡发展。

二是英国对区域反贫困政策的率先实践。反贫困政策主要有两种类型：一是针对贫困人口的反贫困政策，二是针对贫困人口相对集中的落后地区实施区域反贫困政策。区域反贫困政策的目标是整个地区，能通过有针对性地制定公共政策，不断提高地区发展水平和公共服务，达到整体改善贫困状况的目的。英国的实践经验，启示我们应针对不同类型的城市贫困状况探索更有效的反贫困措施，使落后地区和贫困人口尽快地摆脱贫困。

二　美国的城市贫困及治理

（一）美国城市贫困的现状与特征

美国同英国一样为发达国家，其城市贫困也是以相对贫困为主。当前，美国适用的贫困线标准是 1963 年经济学家奥桑斯基（Mollie Orshansky）根据营养支出法和恩格尔系数提出的（Fisher, 1997）。此后，美国政府每年都会根据家庭人数和消费价格指数对该贫困标准进行调整。表 7－2 是 2016 年美国官方颁布的贫困指导线。

表 7 - 2	2016 年美国官方贫困指导线		单位：美元
家庭成员数	48 州和华盛顿特区	阿拉斯加州	夏威夷
1	11880	14840	13670
2	16020	20020	18430
3	20160	25200	23190
4	24300	30380	27950
5	28440	35560	32710
6	32580	40740	37470
7	36730	45920	42230
8	40890	51120	47010
每增加一个成员增加	4160	5200	4780

资料来源：Federal Register, Vol. 81, NO. 15, January 25, 2016, by the U. S. Department of Health and Human Services.

　　根据该贫困标准，近年来美国的贫困率在 14%—15% 之间，大约有 4600 万人生活在贫困线以下。尽管美国是以相对贫困为主，贫困线以下的美国人并不存在严重的温饱问题，甚至由于社会福利的完善，部分贫困家庭孩子的蛋白质摄入量超过了部分非贫困家庭的孩子。但由于美国是一个移民国家，其城市贫困有着特殊的特征。

　　一是种族因素和贫困发生关系密切。由于种族歧视的历史，美国黑人一直都是贫困的高发群体。根据美国人口普查局 2015 年《收入与贫困》报告，2014 年美国黑人贫困率为 26.2%，西裔为 23.6%，亚裔为 12%，均高于非西裔白人 10.1% 的贫困率。2014 年，非西裔白人、西裔、黑人的家庭年收入中位数分别为 60256 美元、42491 美元和 35398 美元。从美国人口普查局过去 30 年的统计来看，非西裔白人的平均家庭收入明显高于西裔和黑人家庭的状况一直未变。

　　二是移民贫困问题。进入 21 世纪以后，拉丁美洲和亚洲已经取代欧洲，成为美国移民的最主要来源。由于这些移民大多数没有受过良好教育，文化程度较低，只能从事低端的劳动工作，使得他们的贫困境遇短时间内很难改善。2010 年美国人口普查显示，西裔人口已经超越黑人人口，成为美国第一大少数族裔，而西裔移民由于教育水平不足，贫困问题相对更严重。解决西裔移民的贫困问题已经成为摆在美国政府面前的一道难题（师嘉林，2015）。

　　三是美国单身母亲的贫困问题比较突出。2014 年，美国单身母亲的贫困率为 30.6%，接近单身父亲贫困率 15.7% 的两倍，是普通夫妇家庭贫困率 5.7% 的五倍。根据非营利组织法律动力的报告（Legal Momentum，2011），贫困家庭中超过一半是单身母亲家庭，她们大部分为了照顾孩子，处于无法工作只能依靠救济金度日的状态。这不仅与近几十年来美国女性未婚先孕的比例提高有关，也与当前美国较高的离婚率有关。社会歧视、低学历及高额的儿童看护费与日益减少的社会救济金是造成这部分群体贫困的重要原因。

（二）美国城市贫困的治理举措与思想演变

1. 美国城市贫困治理的基本框架

　　与英国一样，美国治理城市贫困的基本框架也是相对完善的社会福利体系。美国社会福利体系主体有两个部分：一是针对贫困预防的社会保险计划，包括医疗保险、失业保险、养老保险三个方面；二是公共救助计划，包括对穷人、残疾人、贫困家庭的救助。但与英国相比，美国的福利体系也有自己的特点：一是保障水平较低，主要以保障弱势群体的基本生活需要为目的；二是责任主体更加多元化。

　　（1）社会保险计划

　　社会保险计划是通过强制储蓄来预防贫穷的福利计划，包括医疗保险、失业保险、养老保险等，其中养老保险基本由联邦政府统一安排，医疗保险与失业保险等则由联邦政府和州政府共同运营（申策等，2013）。表7-3显示了美国的社会保险情况。

表7-3　　　　　　　　　　　　美国的社会保险情况

保险名称	保险类型	保险内容和方式
公共医疗保险	老年和残障健康保险（1965年）	通常意义上的医疗保险，由美国联邦政府开办。服务对象是65岁以上的老人或者符合一定条件的65岁以下的残疾人或晚期肾病患者，包括住院保险、补充性医疗保险、医保优势计划以及处方药计划四个部分
	儿童健康保险项目（1997年）	家庭收入在联邦贫困线两倍以下、没有参加其他私人保险的儿童，以联邦政府提供项目配套资金的形式提供健康保险
失业保险	由联邦政府和州政府分工协作完成（1935年）	凡是符合条件的雇主必须交纳失业救济税，资金全部存入失业信托基金，该基金统一用于投资联邦政府债券以确保利息收益，资金仅限于支付失业救济金。各个州都有独立的账户用于记录资金收支和运作状况，并独立根据失业人员的工资水平和工作时间确定救济金水平
养老保险	联邦退休金制度（1935年）	最基本的养老保险制度，规定年龄65岁以上，同时纳税40个季度（即10年缴费年限）的男女职工才可以享受待遇。费用由国家以征收社会保障税的方式筹集，由雇主和雇员按同一税率缴纳，政府不予负担

资料来源：根据相关资料整理。

（2）公共救助计划

与欧洲的福利发达国家相比，美国的社会保险计划覆盖面有限，且并不完备。但美国的公共救助计划却比较完善，是美国治理城市贫困的主体，对缓解城市贫困做出了巨大的贡献。

美国的公共救助计划共有三类实施主体（林德山，2009）。第一类是联邦政府资助和管理的计划，包含为弱势群体提供的医疗救助计划（Medicaid）；为低收入老年人和残疾人提供的补充保障收入项目（SSI）；以及为低收入和无收入人群提供食品的补充营养援助计划（SNAP），即著名的食品券计划。医疗救助计划主要针对低收入家庭的儿童、老人、残疾人和孕妇，是美国覆盖范围最广的医疗福利，甚至超过了医疗保险（Medicare）。该计划是对医疗保险的补充，一是为低收入家庭支付医疗保险费，防止他们在生病后因病致贫，二是负担低收入人群超出医疗保险范围的医药费。

第二类是由联邦政府单独资助或与州政府共同资助但由州政府管理的计划，许多全国性的公共救助计划属于这一类，如著名的贫困家庭临时救助计划（TANF）。该计划主要帮助那些没有独立抚养儿童能力的单身母亲、抚养孩子但父母长期失业的家庭以及收入低于贫困线以下的失业双亲家庭。该计划的特点是不仅对贫困家庭的救助标准、救助水平作出了详细的规定，也规定了救助的期限，即所有家庭只能获得累计 60 个月的援助，不能无期限的领取救助。这一规定表明，该计划的最终目的是促使贫困家庭通过自身努力摆脱贫困，而不是依赖政府救济，体现了崭新的救助观念。

第三类是由州或者地方政府资助并管理的计划。最为重要的是一般救助计划，该计划仅针对州内绝对需要帮助的人群进行援助，资助标准各州不同，体现出分散化救助的特征。

2. 美国城市贫困治理的思想演变

（1）重视个人责任的贫困观念改变

美国在不断完善社会福利体制的同时，也经历了一场城市贫困治理的思想改革。事实上，美国大众长期的观念认为，贫困不是因为缺钱，而是缺少挣钱的能力，贫困的原因更多的是个人的责任而不是社会的责任。在 20 世纪 50 至 60 年代，美国社会也曾经将接受福利视为穷人天赋的权利。但自 20 世纪 80 年代的福利改革以来，美国社会重新提倡勤劳工作的价值观，并倾向于将贫困者分为"值得帮助的人"和"不值得帮助的人"，并主张用各种方式促使那些"不值得帮助"但接受福利的人们去参加工作，以此来维持和改善自己的生活。例如，1996 年的《个人责任与工作机会协调法》规定，成年福利接受者获得现金援助的时间只有 24 个月，在这段时间内，他们必须同时参与工作准备或工作训练，否则就要离开公共福利名单。

（2）民权运动改善歧视问题

当前，英裔白种人依然是美国社会的主体，黑人、拉丁美洲西裔、亚裔等都是少数族裔，他们容易遭受歧视与不平等待遇，使得收入偏低并造成贫困。对此，美国少数族裔通过民权运动，始终坚持不懈地要求政府采取相关措施，维护少数族裔的权益，获得公平的待遇，改善贫困的生活状况。其中，20 世纪的黑人民权运动最广为人知。在此运动的推动下，美国社会逐渐扭转了对黑人的歧视态度，提高了美国黑人的权利地位，也带动了其他少数族裔地位的提升，使他们获得了平等发展、摆脱贫困的机会（胡爱文，2011）。

（三）美国城市贫困治理的启示

美国城市贫困的发生有许多特有的社会、历史、文化因素，但其对城市贫困的治理依然有许多值得借鉴的启示。

一是美国的福利保障更多地保障低收入人群，属于典型的"补救型"社会福利（孙志祥，2007）。这种"补救型"社会福利通常被看成一种在常规的社会机制不能正常运转或者不能满足部分社会成员的特殊社会需求时采取的应急措施。从中国目前人口众多、社保基础薄弱、社会发展不均衡的国情来看，这种措施有更加广泛的适用性。

二是美国的城市贫困治理中，联邦政府、州政府及受保人责任明确，分工到位，合作协调有效。如在失业保险中，通过《社会保障法案》和《联邦失业税收法案》，联邦政府规定自身的职能是监督州政府的各项法律、法规与联邦政府的规定相协调，州政府则在联邦政府的法律框架下，根据各州的经济水平、人口比例和就业状况来制定各州的《失业保险法》，确定各州失业保险税与失业救济金的具体事宜。参与反贫困治理的主体责任明确，有利于反贫困政策的有效实施，有利于反贫困系统平稳有效运转。

三是美国非常注重利用市场机制，积极发展私人保险制度，促进对公共保险制度的有益补充。例如，美国的私人医疗保险制度非常发达，不仅医疗保险公司提供多种多样的产品，而且八成以上的美国人都购买了私人保险服务，弥补了公共医疗保险计划仅针对特定人群服务的限制。私人医疗保险的销售中，既有雇主作为一种非工资福利为雇员支付保险金，也有个人自行购买，既有效地满足了多层次的保险需求，也节省了政府的精力，使其能更好地服务于更需要公共帮助的低收入贫困人群。

三　巴西的城市贫困及治理

（一）巴西城市贫困现状与特征

以巴西为代表的部分拉美地区国家，经历过快速经济增长和大规模城市化进程，创造出了繁荣的"拉美模式"。但随着经济发展落入"中等收入陷阱"，这些拉美国家不仅经济增长乏力，过快的城市化也遗留了巨大的城市贫困问题。进入 21 世纪后，巴西政府采取了一系列措施治理城市贫困，成果显著。世界银行 WDI 数据显示，从 2003 年到 2014 年，巴西的贫困率从 24.9% 下降至 7.4%，贫困人口总数从 4590 万人下降到 1520 万人，减少了将近 70%。2005 年，巴西提前实现了联合国千年发展目标。当前，巴西政府以满足一对夫妻与两个未成年子女的四口之家基本生活需要为标准确定最低工资，根据贫困程度的不同，划定贫困线和极端贫困线两条贫困线，贫困线是最低工资的 1/2，极端贫困线是最低工资的 1/4，同时每年根据物价调整。

巴西城市贫困发生的主要原因在于国家工业化和城市化等现代化进程的中断，因此其城市贫困的特征也非常显著。

一是巴西城市贫民的主体是城市化进程中的农业转移人口。巴西曾经的快速城市化促使大量的农业人口涌入城市，同时割断了其与农村的联系。但经济陷入衰退后，不合理的经济政策和产业结构，导致大量的农村移民既无法在城市找到合适的工作，也不能返乡，变成了城市贫民。

二是收入分配不均是巴西城市贫困的主要障碍。巴西在经济辉煌时期曾经做大了经济"蛋糕"，但由于收入分配制度的缺陷，绝大多数民众并没有享受到国家经济增长的收益。根据世界银行WDI数据，2003年巴西按购买力平价（PPP）衡量的人均国民收入（GNI per capita）为9220美元，而基尼系数高达0.58。收入差距扩大和失业率上升造成了"失业和低收入－购买力下降－供给减少－进一步失业和低收入"的恶性循环，使得城市贫民数量曾一直处于上升状态。

三是城市贫困人口在贫民窟聚集导致贫民窟问题严重。巴西的城市贫民普遍受教育水平低、缺乏职业技能，这使得他们收入过低，难以在城市安居，只能聚居在贫民窟。2014年，巴西全国依然有22%的城市人口居住在贫民窟。贫民窟内环境恶劣，居住条件差，治安问题突出，严重干扰巴西城市的社会稳定。

（二）巴西城市贫困的治理举措

1. 经济发展政策与贫困治理举措

巴西政府深知贫困问题内生于经济模式，治理贫困问题的根本在于建立一种促进经济增长和改善收入分配的新经济发展模式（达席尔瓦，2013）。因此，从20世纪90年代中期开始，经济和社会发展成为巴西最重要的减贫政策。通过"雷亚尔"计划、"零饥饿"计划和"无贫困"计划，巴西实现了"包容性发展"，有力地改善了贫困状况（苏振兴，2015）。

（1）雷亚尔计划。1994年，时任巴西联邦财政部长的卡多佐开启了巴西的经济改革之路，实施了著名的"雷亚尔计划"。雷亚尔计划主要包括外贸开放、国有企业私有化改革、发行新货币雷亚尔等一系列措施，是以市场经济为导向的自由化改革。雷亚尔计划的最大成就在于抑制了巴西的恶性通货膨胀，稳定了货币，使巴西回到了宏观经济稳步发展的道路上。通货膨胀更容易损害低收入贫困人群的利益，稳定了经济发展，就是为巴西的城市贫困治理打下了最坚实的基础。

（2）"零饥饿"计划。2003年1月，左翼劳工党领导人卢拉把消灭饥饿和贫困作为优先目标，就职总统当天宣布"零饥饿"计划，成立社会发展和反饥饿部，承诺要让所有巴西人都吃上一日三餐。"零饥饿"计划由30多个子计划综合而成，包含有结构性政策、专项政策和地方政策。结构性政策属于经济结构改革，主要通过提高家庭收入、保障基本社会权益和优质食物供给、缩小收入不平等的方式来降低贫困家庭的饥饿威胁程度。专项政策则是应急补救措施，旨在直接消除低收入阶层中的饥饿和营养不良。因此，"零饥饿"计划不仅要减少贫困饥饿，还要努力改善教育、医疗、环境，使贫困家庭通过政府的救助提高自身脱贫能力，融入社会发展进程。

"零饥饿"计划有两方面的重要创新：一是对贫困家庭实行"家庭补助金计划"时订立"社会契约"，要求接受救助的家庭保证未成年的儿童入学及上学出勤率，保证给儿童接种疫苗和孕妇产检等，提高下一代人口素质，抑制贫困的代际传递；二是救助资金的发放方式采用直接打入个人银行账户、使用特殊磁卡、限期兑换券等方式，避免被贪污挪用的可能性，保障贫困家庭真正受益。

表7－4　　　　　　　　　　"零饥饿"计划的部分子计划

子计划名称	具体内容
全国学校供餐计划（PNAE）	向基础教育学校的学生提供一日三餐，保障学生们的营养和食品安全
工人伙食计划（PAT）	对提供食品补充给低收入工人的公司实行税收优惠
食品卡计划（PCA）	为贫困家庭直接提供购买食物的食品卡
家庭农业食品采购计划（PAA）	政府直接面向农民家庭等小农业生产者采购食品，用于免费帮助社会贫困脆弱群体，形成战略性政府储备

资料来源：根据达席尔瓦等（2013）整理。

（3）"无贫困"计划。2011年6月，巴西总统罗塞夫启动了"无贫困"计划，旨在帮助巴西的绝对贫困人口摆脱贫困。该计划的主要内容是在三年的时间内，每年拨出200亿雷亚尔用于实施三项扶贫政策，即改进收入再分配、完善公共设施服务和加强劳动力生产技能培训。"无贫困"计划被认为是"零饥饿"计划的升级版，除了继续实施"零饥饿"计划中的有效政策外，"无贫困"计划的特点是更加强调"生产性发展"，通过提供职业培训、提供创业小额贷款等政策保证生产的高效率，确保经济和社会发展的持续性和稳定性。同时，因为认识到公共设施改善对绝对贫困人口境况改善的作用，该计划也更加重视对公共设施的投入。

2. 就业改善政策

巴西城市贫民普遍面临就业机会严重不足的问题，失业、非正规就业现象普遍存在。虽然非正规就业起着缓解社会冲突的作用，然而工资一般只相当于正规部门人员工资的一半，多数属于低收入群体，无法改善城市贫民的生活（韩俊等，2005）。为了提高贫困人口的收入能力，巴西政府从企业和就业者两方面实施改善政策，提高就业水平。

（1）扶持中小企业发展，增加就业岗位。自1994年起，巴西政府在全国开始实行鼓励中小型企业扩大再生产的"创造就业及收入"计划，由政府与私营及中、小型企业签订合同，巴西银行、巴西东北银行、联邦储蓄银行和全国社会经济发展银行发放低息信贷，以提高经营者的生产能力，吸纳更多的人员就业。同时，为促进贫困地区和低教育程度人口的就业，巴西政府还引导和扶持手工业等行业，将其作为补充手段解决困难人员就业。

（2）加强职业培训，引导青年就业。巴西劳工部面向社会困难人员，实施"全国工人职业培训计划"（PNQ），利用扶持劳动者基金（FAT）在全国范围对工人进行相关的职业技能培训。2003年的"第一次就业"计划鼓励企业聘用无经验的年轻人，如果12个月内不解雇就可以获得企业税收优惠。2008年的"帮助青年就业"计划由巴西政府向各个州市提供一定的财政援助，鼓励他们为当地18—29岁低学历、贫困青年提供职业培训，以满足用人单位的需要。

3. 贫民窟治理政策

巴西的贫民窟是居住者非法占领闲置土地，自己建造住房而形成的。早期，巴西政府认为这些住宅并不在城市规划之中，主要通过"驱逐"的方式抑制贫民窟的增长。20世纪90年代以后，巴西政府才改变政策，通过给予贫民窟居民以合法的小块土地产权，承认贫民窟的合法性，并采取合理的治理措施。

一是将贫民窟纳入城市发展体系进行统一规划，提高贫民窟的公共服务供给水平，增强社会对贫民窟居民的包容性。巴西政府认识到，若想将贫民真正融入城市发展中，必须给予其必要的尊严和社会地位。消灭社会排斥和向贫民提供面包同样重要，甚至更为重要。如里约热内卢市从1994年开始实施"贫民居住区社区计划"，大力促进贫困社区的社会包容性。

二是对贫民窟进行改造升级。20世纪90年代以来，巴西政府显著地改善了一部分城市贫民窟的居住条件。比如里约热内卢的贫民窟地区98.1%的家庭使用上自来水，92.5%的家庭接入公共电网；在圣保罗，从1991年至2000年，贫民窟的清洁水使用率从88.4%上升到99.7%，污水处理率从4.0%上升到95.3%，垃圾回收率也从73.8%上升到了98.9%。

（三）巴西城市贫困治理的启示

巴西的城市贫困治理是发展中国家治理城市贫困的典型，其城市贫困的发生主要源于过快的城市化，在当今世界具有普遍性。因此其治理措施非常有启示性。

一是治理贫困的前提是稳定经济发展。巴西曾经历恶性通货膨胀，严重损害普通民众的利益，恶化其贫困状况。巴西在社会改革之前首先启动经济改革，稳定经济发展，为贫困治理铺路奠基，无疑是抓住了贫困治理的根本。在经济稳定的前提下治理贫困，才能保证普通民众的财富不贬值流失，才能发挥扶贫政策的长久效益。

二是注重收入再分配。收入分配不均是巴西城市贫困的关键原因，因此巴西实施的治理政策中有相当一部分采用现金转移支付方式，直接改善收入再分配状况，减少贫困人口，扩大中产阶级规模。世界银行WDI数据显示，2013年巴西的基尼系数已经从最高时期的0.63降至0.52左右。

三是提升贫困人口的素质。如"家庭救助金计划"中的资格条件审查，充分显示了巴西政府提升贫困人口素质、抑制贫困代际传递，从长远解决贫困问题的强烈意愿。这一政策内含"授人以鱼，不如授人以渔"的中国古训，深刻地揭示了促进人的可持续发展才是治理贫困的真正良方。

四 印度的城市贫困及治理

（一）印度城市贫困现状和特征

近年来，印度GDP增长迅速，经济发展成果显著，城市化进程也较快，2015 年已有 33% 的人口居住在城市。但作为世界上贫困问题最为严重的国家之一，印度的城市贫困问题依然非常严峻。根据联合国开发计划署（UNDP）的《千年发展目标报告》，印度目前有超过 3 亿人生活在世界极端贫困线以下，约占世界极端贫困人口总数的 1/3。贫民数量巨大，严重加大了贫困治理的难度，减缓了贫困治理的进程。2014 年，印度专家委员会根据对印度 10 万个家庭的调查，综合考虑食物、穿着、住宿、交通和教育等方面，将城市贫困线划定在人均每天 47 卢比（约 78 美分）。该标准甚至低于世界银行 1985 年"1 天 1 美元"的标准，但世界银行 WDI 数据显示，即使按照这一标准，印度也依然有 13.7% 的城市人口生活在贫困线以下。当前，印度的经济发展和城市化进程对城市贫困缓解有限，中小城市的贫困程度高于大城市，而部分大城市的贫困率甚至超过了农村地区，被称为"贫穷的城市化"（Vashishtha，2009）。

落后的经济发展水平、不合理的经济政策、教育水平不足、缺乏就业机会等因素都是印度城市贫困的重要原因，多元的宗教文化及社会歧视也加剧了印度的城市贫困，使印度的城市贫困有其独有的特征。

一是产业结构变化导致就业困难。城市化不仅带来了经济发展，也影响了城市的产业结构。由于印度鼓励优先发展计算机软件和信息服务产业，资本密集和技术密集的信息服务业已经成为城市的主导产业，服务业总产值已占到印度经济总量的一半以上。很多大城市的传统工业企业受此影响面临倒闭，导致大量城市居民失业或就业于非正规部门，收入低且缺少社会保障，沦为城市贫民。同时，伴随着城市化进程的农业转移人口也带来了一部分贫困居民。

二是居住贫困问题非常突出。印度政府住房与城市减贫部 2009 年报告称，在印度超过 8000 万的城市贫困人口中，有 6180 万居住在贫民窟。世界银行 WDI 数据显示，2014 年印度依然有

24%的城市人口居住在贫民窟内，随着城市人口的增加，预计居住在贫民窟的总人口已经超过了一亿。印度孟买的塔拉维（Dharavi）贫民窟是亚洲最大的贫民窟，占地面积2.5平方公里，居民人数达一百万。贫民窟中的人们生活穷困，面临着居住拥挤、垃圾处理困难、清洁用水稀缺、基础设施匮乏等多项问题。

三是印度城市贫富差距悬殊。根据印度全国抽样调查办公室（NSSO，National Sample Survey Office）的调查，2012年印度城市富裕阶层的人均月开支为10282卢比，是最穷阶层人均月开支700卢比的15倍。从2000年到2012年，印度城市富裕阶层的消费增长了63%，贫困阶层消费仅增长了33%，差别的扩大导致社会分层严重。

四是由种姓制度导致的贫困严重。种姓制度是印度因为历史原因形成的社会等级制度，尽管法律上种姓制度早已废除，但许多低种姓人民仍毫无社会地位，社会歧视使他们就业困难，持续贫困。根据2011年印度的社会经济与种姓调查（SECC）结果估算，表列种姓①占人口比例19.7%，表列部落占人口比例8.5%，城镇最低等种姓人均年消费支出为512卢比，处于各社会群体的倒数第一位。

（二）印度城市贫困治理的主要方式

1. 经济增长与社会保障并举

经济增长是印度减少城市贫困的主要方式之一。从20世纪90年代起，印度进行了经济自由化改革，取消了绝大多数的工业产品许可证制度，鼓励私营经济发展，放开对外贸易，使经济走上了快速发展的道路。尽管2014年印度人均GDP仅为1626美

---

① 表列种姓和表列部落是1950年印度宪法划定的两类社会弱势群体的总称。由于种姓制度法律上被废除，这两类弱势群体已经不完全等同于以往的低等种姓，但基本可以用于估算印度因种姓制度而受歧视的群体人数。

元，在 IMF 统计的 184 个国家里排名 141 位，经济发展水平仍比较低。但 1992—2010 年，印度经济年均增速高达 6.85%，仅次于中国，居发展中国家第二位。

与巴西不同的是，印度在经济起飞阶段就注意到单纯的经济增长并不能完全减贫，由此采取了一系列的扶贫减贫措施。2007年，印度在其"十一五"规划中明确将包容性增长作为印度扶贫、减贫的基本思想，要将经济和社会发展成果惠及所有阶层和地区（王志章等，2015）。政府一方面针对贫困家庭儿童实施"基础教育工程"计划，保证他们接受完整的基础教育，并实施"营养计划"为其提供午餐。另一方面推行防护型社会保障计划，涵盖国家老年退休金计划、全国家庭福利计划和国家产妇津贴计划，实施全国社会救助方案，不断健全社会保障体系，确保国民分享最基本的社会福利。

2. 粮食公共分配系统

为解决贫困人口的吃饭问题，国家独立之后，印度就建立了粮食公共分配系统，并一直延续至今。该系统是中央政府以统一价格把收购的粮食分配给平价粮店，每个家庭尤其是贫困居民，可以凭定量供应卡按规定的价格到平价粮店定量购买粮食。从1997 年 7 月起，印度政府将粮食公共分配系统改革为定向粮食公共分配系统，要求各邦给贫困线以下的居民发放特殊证明，持有该证明的家庭每月能获得 10 千克免费粮食，还可按中央定价的半价购买 10 千克粮食，中央根据各邦贫困人口确定粮食分配数量。粮食公共分配系统在保证居民获取足够的粮食方面确实起到了重要的作用，贫困人群从中得到了实惠，对减少贫困具有重要作用（董运来等，2008）。

3. 强调减贫功能的就业政策

为促进城市贫民就业，减少城市贫困问题，印度于 1997 年12 月 1 日开始实施名为 Swarna Jayanti Shahari Rozgar Yojana（SJS-RY）的就业计划。该计划的目的是为城市失业者尤其是贫困的失业者提供工作机会（Sharma，2013）。

目前，该就业计划包含 5 个子计划，其实施由联邦政府主导，资金来源由联邦政府与州政府按照 3∶1 的比例分摊，每年大约有 20 万城市贫民参与技术培训计划，5 万人参与自我就业计划。

表 7 - 5 印度 SJSRY 就业计划的子计划详情

子计划名称	计划内容
城镇自我就业计划（USEP）	鼓励城市贫民成立微型企业，政府方面通过资金与技术两种方式对城市贫民的自主创业行为进行支持，资金支持包括低息贷款和补贴，技术支持包括生产技术、市场营销等方面
城镇女性自我帮助计划（UWSP）	通过补贴与设立贫困妇女自助团体基金的方式，增加城市贫困女性的就业机会
城镇贫民技能培训计划（STEP - UP）	对城市贫困失业者进行培训，以提升他们的就业或自谋职业的能力
城镇工资就业计划（UWEP）	鼓励生活在贫困线以下的失业者到公共设施的项目建设中去工作，并提供相应照顾措施，直接解决其就业问题
城镇社区发展网络（UCDN）	帮助城市贫困人口自我组织成自我管理的社区结构，以获得集体的力量解决贫困问题

资料来源：根据 Sharma（2013）整理。

4. 改善居住的贫民窟治理政策

贫民窟问题是印度城市贫困中最显著的问题。2000 年以后，印度试图通过全国性的市区重建与住房工程计划彻底消除贫民窟现象。其中，"尼赫鲁全国市区重建计划" 与 "拉吉夫城市住房工程计划" 最具代表性（王英，2012）。

2005 年印度政府启动了旨在改善城市面貌的 "尼赫鲁全国市区重建计划"，预计用 200 亿美元在 7 年内改善印度的城市基础设施供给状况，减少城市中的贫民窟。计划主要包括 "城市基础设施与管理" 和 "城市贫民基本服务" 两个子计划。其中 "城市基础设施与管理" 子计划重点是对城市供水和卫生设施、固体废物处理、道路网络、城市交通和旧城区进行重建和完善；"城市贫民基本服务"子计划则更加关注城市贫民窟的全面发展，主要执行方式是通过财政补助与低息贷款的方式鼓励各州政府与城市进行相关改革，加强城市基础设施建设与贫民窟治理的规划布局，以达到消除贫民窟的目的。

2011年，印度政府推出了"拉吉夫城市住房工程"计划，准备建设1200万套低价房，专门提供给城市贫困者和居住在贫民窟的居民，力图在2020年实现一个"无贫民窟的印度"。印度中央政府向一些愿意参与改造贫民窟并给予贫民窟居民产权的地方政府提供部分财政支持，要求按中央政府和地方政府分别融资40%，贫民自己支付20%的比例提供改造资金，同时也鼓励私营部门投资参与。地方政府将承担房屋建设的资金管理、审核及监督工作，并保证贫困居民拿到房屋产权。此外，政府还通过设立担保基金的方式，帮助贫困居民从金融机构获得购房贷款，以解决其住房问题。

（三）印度城市贫困治理的启示

印度与中国有很多相似之处，一是同样属于经济快速增长的发展中国家，二是同样拥有庞大的人口数量。因此，印度城市贫困的治理对中国也有很强的启示性。

一是扶贫政策的关键是提升贫困人口的自身素质。印度非常注重提升贫困人口的自身素质，从更加普及基础教育，到积极扩展职业教育，再到实施有减贫功能的就业促进政策，印度全方位地提升贫困人口的自我造血能力。不仅鼓励贫困人口就业，也鼓励贫困人口创业，实现其收入来源的多样化，长久地脱离贫困状态。

二是良好的体制机制是实现减贫效果的保障。印度的减贫政策种类多样，照顾周全，但是减贫效果并不尽如人意。究其原因，主要是机制不健全削弱了政策的实施效果。例如由于体制方面的原因，"尼赫鲁全国市区重建计划"执行并不顺利，计划实施7年后的2012年，仅一个邦完成了所需的10项改革，五个邦完成了 9 项，其他地区皆进展缓慢。由此可见，反贫困政策要见到成效，不仅需要顶层设计的完善，更需要体制机制的保障落实。

第八章 外来务工人员贫困
治理思路与建议

目前，外来务工人员贫困已经成为中国城市贫困的主体。在新形势下，如何采取积极的措施，加强对外来务工人员贫困的综合治理，对于减缓城市贫困，促进城市社会稳定和可持续发展，将具有十分重要的意义。本章在梳理现有政策措施的基础上，针对中国城市外来务工人员的贫困现状特征和政策需求调查，提出城市外来务工人员贫困治理的思路和建议。

一 政策现状与诉求

外来务工人员贫困治理是一项复杂的系统工程，涉及方方面面。这里，我们将首先对现行农民工服务政策及其执行情况，以及本次调查中外来务工人员的政策需求进行认真梳理，以为有关部门制定城市贫困治理政策提供依据。

1. 政策现状

自"十五"计划提出"取消对农村劳动力进入城镇就业的不合理限制，引导农村富余劳动力在城乡、地区间的有序流动"以来，中国的农业转移人口规模和城镇化率快速提升。全国外出农民工总量从 2000 年的 7849 万人，快速增长到 2002 年的 10470 万人，之后每年以约 500 万人的速度快速增长，到 2014 年外出农民工达 1.68 亿人，农民工总量达 2.74 亿人。

目前，全国农民工总量已占到城镇常住人口的 1/3 左右，其贫困问题也日益显著。然而，至今为止，中国城市贫困治理所依据的《国务院关于在全国建立城市居民最低生活保障制度的通知》（国发〔1997〕29 号）和《城市居民最低生活保障条例》（国务院令第 271 号），其保障范围为"持有非农业户口的城市居民"，并不包括城市外来务工人员。

对于外来务工人员的权益保护主要体现在关于农民工服务工作的相关政策中。自 2000 年以来，国务院陆续发布了多项农民工服务工作的意见，按照时间顺序主要包括《国务院办公厅关于做好农民进城务工就业管理和服务工作的通知》（国办发〔2003〕1 号）、《国务院关于解决农民工问题的若干意见》（国发〔2006〕5 号）、《国务院办公厅关于切实做好当前农民工工作的通知》（国办发〔2008〕130 号）、《国务院关于进一步做好为农民工服务工作的意见》（国发〔2014〕40 号），除了这四个综合性文件之外，还有专项的关于鼓励农民外出务工、做好农民工培训、改善农民工就业环境、帮助解决农民工工资等方面的政策。到 2015 年，在新常态和新型城镇化背景下，国务院办公厅发布《关于支持农民工等人员返乡创业的意见》（国办发〔2015〕47 号），这标志着"鼓励农民工返乡创业"已成为新的发展思路。

比较来看，针对城市低收入居民的保障政策与农村低保政策对应，属于保障性制度，而针对农民工的服务政策比较全面，但是以市场性、开发性政策为主（见表 8 - 1），其在基本权益保护和落实方面还有待加强。

表 8 – 1　　　　　　　城市低保政策与农民工服务政策比较

	城市低保政策	农民工服务政策（国发〔2014〕40 号）
服务理念	遵循保障城市居民基本生活的原则，坚持国家保障与社会帮扶相结合、鼓励劳动自救的方针	公平保障农民工作为用人单位职工、作为城镇常住人口的权益，帮助农民工解决最关心最直接最现实的利益问题，实现改革发展成果共享
保障对象	持有非农业户口的城市贫困居民	外来务工人员
政策目标	维持最低生活水平，保障生存权益	有序推进、逐步实现有条件有意愿的农民工市民化；着力稳定和扩大农民工就业创业；着力维护农民工的劳动保障权益；着力推动农民工逐步实现平等享受城镇基本公共服务和在城镇落户；着力促进农民工社会融合

　　关于农民工服务的政策，在实际执行中的效果与政策目标还存在较大的差距，如，基本公共服务、社会保障、住房保障、就业等方面的差距还非常明显。本次调查发现，17.76% 的城市贫困外来务工人员未参加任何形式的医疗保险，16.99% 的城市贫困外来务工人员未参加任何形式的养老保险，近 40% 没有参加或不知道是否参加了工伤保险。另外，因户口排挤或务工地学费较高而只能让子女在老家接受教育的比重达到了 57.4%。

　　2. 政策诉求

　　从本次调查的结果来看，城市外来务工人员与贫困群体在政策需求方面表现出以下几个特征：

　　首先，贫困外来务工人员对提高最低工资标准的政策需求最高，而且相对于总体样本更加重视提高工资标准。总体来看，有 53.81% 的被调查的外来务工人员选择了该选项，而贫困的外来务工人员有 60.53% 选择了该选项。该选项与加强工资权益保障两个选项是贫困外来务工人员需求最高的两个选项，也是比重超过总体样本的选项。

　　第二，子女教育问题受到被调查对象普遍重视，已婚群体对子女教育问题的重视程度比其他群体要高很多，对子女教育问题的关注与是否贫困的关系不大。总样本和贫困务工人口中关注子女教育的群体分别只有 43.37% 和 37.72%，但相应的已婚群体关注子女教育的比重分别为 50.77% 和 49.55%。基本上是 1/2 的已婚的外来务工人员都很关注子女教育问题。对孩子不在务工地上学的原因调查发现，有 86.49% 觉得务工地学费太高，64.19% 觉得是受户口排挤，61.49% 觉得在老家照顾更方便，孩子一直在老家上学不方便换校的有 28.60%，还有部分其他原因，比如上班没有时间照顾、工作地附近没有可以上的学校等等。

第三，对就业培训的需求较低。总样本和贫困样本中选择该项的比重分别为 21.45% 和 18.86%。这表现出与理想的开发帮扶的观点的偏差，与贫困人口对最低工资标准的需求相结合来看，一方面反映出贫困人口基本生活保障方面确实有待加强，另一方面也反映出贫困人口在"授之以渔"和"授之以鱼"的问题上是短视的，一定程度上表现出外来务工人员（及其中的贫困人口）综合素质的差距。这一结果一定程度上印证了西方 20 世纪 60 年代的"贫困文化论"，即穷人之所以穷是因为穷人不愿意规划未来且没有实现理想的能力，此外还同时存在生活屈从意识以及对权威的怀疑（Lewis，1971）。

第四，对其他社会保障和公共服务的关注也普遍存在，相关的比重均在 40%—50% 左右，而其中贫困人口样本相关选项的比重要低于总体样本。

表 8-2　　城市外来务工人员政策需求调查结果

在哪些方面最需要政府提供帮扶？（选项）	城市外来务工人员样本		城市贫困外来务工人员样本	
	频次（人）	比重（%）	频次（人）	比重（%）
填该选项的样本总量	1063（/1305）	81.45	228（/263）	86.70
①子女教育	461	43.37	86	37.72

续表

在哪些方面最需要政府提供帮扶？（选项）	城市外来务工人员样本		城市贫困外来务工人员样本	
	频次（人）	比重（%）	频次（人）	比重（%）
其中已婚人员	296（/583）	50.77	55（/111）	49.55
②提供保障住房或廉租房	502	47.22	101	44.30
③提高最低工资标准	572	53.81	138	60.53
④提供就业培训	228	21.45	43	18.86
⑤提供更多的就业机会和就业信息	425	39.98	85	37.28
⑥加强工资等权益保障	537	50.52	122	53.51
⑦加强医疗保障	552	51.93	101	44.30
⑧提高社会保险水平	468	44.03	89	39.04

表 8-3　　　城市外来务工人员孩子在老家上学的原因调查

如果孩子在老家上学，原因是什么？	频次（人）	比重（%）
填写该项的已婚人口样本	444（/583）	76.16
①因户口被排挤	285	64.19
②务工地学费较高	384	86.49
③孩子一直在老家上学，不便换校	127	28.60
④老家照顾方便	275	61.94
⑤其他	63	14.19

表 8-4　　　城市外来务工人员对在城市工作的考虑

您选择这个城市最看重的是什么？	城市外来务工人员样本		城市贫困外来务工人员样本	
	频次（人）	比重（%）	频次（人）	比重（%）
填写该选项的总样本	1155	88.51	260	98.86
①就业机会多	761	65.89	168	64.62
②教育水平好	177	15.32	34	13.08

续表

您选择这个城市最看重的是什么？	城市外来务工人员样本		城市贫困外来务工人员样本	
	频次（人）	比重（%）	频次（人）	比重（%）
③医疗水平高	130	11.26	23	8.85
④生活更加丰富	179	15.50	43	16.54
⑤个人发展空间多	476	41.21	78	30.00
⑥城市环境不错	345	29.87	67	25.77
⑦其他	70	6.06	10	3.85

第五，城市外来务工贫困人口的留城意愿较低，原因主要是大城市消费水平较高以及户口问题。调查结果显示，总体样本中愿意留城的比重有33.25%，不愿意的有23.61%，没想好的有43.14%；但在贫困人口中，愿意留城的只有24.69%，不愿意的有29.71%，没想好的有45.61%。北京的被调查者愿意留下的比重较高。从不愿留城的原因来看，主要集中在收入低消费高（66.99%）和很难落户问题（32.91%），贫困人口不愿在此居住的意愿更高，相关原因选项的比重也更高，其中由于收入问题不愿意留城的比重达71.67%，户口问题达38.20%。

表8-5　　　城市外来务工人员对长期在本地居住的考虑

是否愿意在此地长期居住？	城市外来务工人员样本		北京样本	城市贫困外来务工人员样本		北京样本
	频次（人）	比重（%）	比重（%）	频次（人）	比重（%）	比重（%）
填写该选项的总样本	1152	88.28	77.19	239	90.87	95.83
①愿意	383	33.25	49.75	59	24.69	43.48
②不愿意	272	23.61	22.66	71	29.71	8.70
③没想好	497	43.14	27.59	109	45.61	47.83

表 8 - 6　　　　城市外来务工人员不愿意在此地居住的原因

如果不愿意在此常住，原因是什么？	城市外来务工人员样本		城市贫困外来务工人员样本	
	频次（人）	比重（%）	频次（人）	比重（%）
填写该选项的总样本	939	71.95	233	88.59
①很难入户口	309	32.91	89	38.20
②消费水平高收入却不高	629	66.99	167	71.67
③家里有土地	85	9.05	23	9.87
④家里朋友多、生活更轻松	164	17.47	28	12.02
⑤想回乡创业	161	17.15	34	14.59
⑥其他	47	5.01	3	1.29

　　第六，贫困人口对小孩落户的问题考虑较少，这与其留城意愿不高直接相关。总样本中，在对小孩落户的考虑中，39.40%的人口明确希望小孩落户，另外47.76%的人没有考虑过这个问题，有12.80%的人并不希望小孩在此落户。但在北京的调查对象中，希望落户的比重相对更高一些，48.37%的被调查对象希望小孩在北京落户，只有4.19%的被调查者没有考虑过该问题。该选项，在贫困人口中没有考虑该问题的人口比重要高一点（50.75%）。

表 8 - 7　　　　城市外来务工人员对小孩在本地落户的考虑

是否希望小孩在此落户？	城市外来务工人员样本		北京样本	城市贫困外来务工人员样本		北京样本
	频次（人）	比重（%）	比重（%）	频次（人）	比重（%）	比重（%）
填写该选项的总样本	984（/1305）	75.40	86.51	201（/263）	76.42	91.67
①是	388	39.43	48.37	62	30.85	33.33
②否	126	12.80	4.19	37	18.41	4.17
③没考虑过	470	47.76	33.95	102	50.75	54.17

二 总体思路

立足外来务工贫困人口现状、贫困特征、致贫原因和政策需求，针对中国反贫困政策中对城市外来务工人员贫困问题的关注缺失，按照"全面帮扶、精准帮扶、幸福迁移、多方参与"的思路，制定城市外来务工人员贫困治理措施，在有序引导人口健康转移的基础上，积极实施包含救助、预防、开发、成长"四位一体"的全面帮扶计划，针对两类外来务工贫困人口分类实施精准帮扶计划，鼓励举家迁移和就近迁移两类幸福迁移模式，积极推动政府、企业、社区、社会组织、个人共同努力创新帮扶模式，积极推进农业转移人口市民化，加强城市外来务工人员贫困防治，推动中国全面减贫事业发展。

1. 积极实施"四位一体"的全面帮扶计划

外来务工人员贫困问题既不属于农村扶贫开发的范畴，又不受城镇居民低保制度保障。在传统的救助与开发两项制度衔接的理念基础上，应当积极推进实施救助、预防、开发和成长"四位一体"的全面帮扶计划，加强城市外来务工人员贫困治理。

一是实施救助性帮扶，保障基本生活水平。从救助标准、救助对象、救助方式等方面加强对进城务工贫困人口的帮扶。一要综合考虑外来务工人员相对于城市贫困居民需要支付更多的住房成本，转变仅从收入视角或支出视角考虑救助的传统理念，综合考虑收支失衡问题。二要逐步将城镇居民低保制度扩展到长期定居在城市中的外来务工贫困人口，逐步推进城镇低保常住人口全覆盖，并在此基础上逐步实现城乡低保制度的接轨。三要逐步建立保基本、多类型的救助方式，"保基本"即要确保维持进城务工贫困人口的基本生活水平，"多类型"即要设计多种救济性项目，包括货币救助、物资救助、医疗救助、住房救助等。

二是实施预防性帮扶，避免意外事件致贫。加强社会保障、最低工资标准、就业服务等领域改革，提高外来务工人员抵御风险能力，降低因病因灾因残致贫几率。一要完善社会保障体系，扩大社会保障覆盖面，降低贫困人口社会保障支出；积极提高大病重病保障力度，降低个人自费医疗比重；加强失业保险；逐步实现住房保障向非户籍常住人口及外来务工人员覆盖。二要结合价格指数积极调整最低工资标准。三要积极发展城市经济，加强就业服务，改善就业创业环境，提高就业水平，鼓励创业，降低失业率。

三是实施开发性帮扶，实现可持续收入增长。重视进城务工贫困人口及其子女的人力资本提升问题，通过人力资本提升确保实现可持续的收入增长，改善生活状况。首先，针对本次调查外来务工人员"重工资、轻培训"的现状，加强外来务工人员的理念培训，让外来务工人员树立起通过职业技能培训提高自身综合素质脱贫的理念。二要加快制定和实施进城务工贫困人口的就业技能提升计划，加强贫困劳动力的教育和培训。三要加强创业帮扶，提高外来务工人员创业能力和创业成功机会。

四是实施成长性帮扶，重视贫困儿童关爱。高度重视进城务工贫困人口的子女成长和教育问题。首先要关注外来务工人员子女的基本生活状况，加强儿童基本生活保障，确保儿童健康成长；其次要确保贫困儿童获得公平公正的教育机会，着力提高贫困儿童的综合素质，避免贫困的代际传递。

2. 针对两类外来务工贫困人口实施精准扶贫

外来务工人员贫困问题根据其留城意愿、居住时间等可以分为长期定居的外来务工人员、候鸟式外来务工人员。针对两类贫困人口不同的需求特征，制定不同的帮扶计划，实施精准扶贫。

一是重点加强长期定居外来务工贫困人口帮扶。长期定居城市或者计划留城的外来务工贫困人口，是外来务工人员贫困治理的重点对象，要积极推进四位一体的帮扶计划，帮助该类群体脱贫致富。在实现基本公共服务全覆盖的基础上，积极推进城镇居民低保制度、住房保障制度覆盖该类群体；加强人力资本开发和就业帮扶，提高该类群体工作能力和收入水平。鼓励和合理引导该类群体返乡就业创业。同时，加强该类外来务工人员儿童贫困帮扶具有长期的战略意义，合理的儿童贫困帮扶不仅有利于防止贫困代际传递，也有助于外来务工贫困家庭最终摆脱贫困。

二是加强候鸟式外来务工贫困人口帮扶。该类外来务工人员没有长期定居城市的计划，以获得务工收入为主。针对该类务工人员，在四位一体全面帮扶的范围内，重点以提高收入水平、保障基本生活水平、鼓励返乡创业就业为主，不作为城市务工人员贫困治理的重点。

3. 鼓励和引导幸福迁移

自 2000 年以来，在鼓励农村富余劳动力就业提高农民收入的政策引导下，农村劳动力向城镇快速转移。这样的迁移政策在解决农村贫困的同时，本质是将一部分农村贫困人口转化为了城市贫困人口。考虑到举家迁移和就近迁移更有利于提高务工人员的幸福感和归属感，未来要积极鼓励和引导幸福迁移（即就近迁移、举家迁移），提高外来务工人员的自生能力，降低城市贫困发生率。

一是支持和帮助举家迁移。家庭化迁移有利于提高外来务工人员的归属感和幸福感，制定外来务工人员相关的政策要适应家庭化流动趋势，满足外来务工人员家庭而非个人的需求（国家卫生和计划生育委员会流动人口司，2013）。为此要积极支持和帮助具有能力和意愿的外来务工人员配偶和子女在城市务工地工作学习，实现举家迁移。

二是鼓励和引导就近迁移。相对而言，外来务工人员直接进入北上广深等一线城市虽然获得的工作机会更多，但生存压力也更大，留城难度较高，生活往往陷入窘迫。与此同时，中国特大城市发展也面临承载力压力。为此要积极鼓励和引导外来务工人员就近迁移、回乡就业创业。

4. 积极推动多方参与贫困治理

外来务工人员的贫困问题一直游离于帮扶政策之外。要积极推动政府、企业、社区、社会组织、个人等多方参与，行政化社会救助和社会化社会救助并重，创新帮扶模式，防治外来务工人员贫困问题。

（1）政府。加快推进城市外来务工人员反贫困的顶层设计，积极推进基本公共服务、社会救助、住房保障等政策常住人口全覆盖。适当放开部分社会福利领域，吸引社会资金和民间资本进入，实现社会福利供给主体多元化。

（2）企业。鼓励企业积极承担社会责任，严格执行社会保险和最低工资标准，积极承担外来务工人员素质提升、技能培训等方面的责任，积极分担住房保障成本，积极改善员工生活生产条件。

（3）社区。主动发现和积极帮助需要帮助的群体，积极推动外来务工人员融入社区，重点发挥社区在社会救助、就业服务、社会融入等方面的功能。

（4）社会组织。引导社会团体、基金会、民办非企业单位等各类组织积极关注城市外来务工人员贫困问题。积极吸引社会公益组织对外来务工人员、贫困儿童的关注，重点发挥社会组织在抵御因病因灾致贫、帮助儿童教育和健康成长等方面的作用。

（5）个人。引导广大社会成员，通过爱心捐赠、志愿服务、结对帮扶等多种形式参与扶贫。积极发挥贫困人口个体的主观能动性，加强就业技能培训，努力提高人力资本水平和增收能力，积极摆脱贫困。

三　对策建议

针对中国城市外来务工人员的贫困问题，围绕总体思路，需要从统筹城乡贫困治理、加快户籍及其附属制度改革、完善就业创业扶持政策、促进儿童成长、引导幸福迁移等方面，制定实施城市外来务工人员贫困治理政策。

1. 加快推进城乡贫困统筹治理

传统的农村扶贫，将一部分农村人口转移到城镇就业，由此导致了不完全城镇化问题，实际上是将一部分农村贫困转化为城市贫困。为此，要在《中国农村扶贫开发纲要（2011—2020年)》的基础上，加快制定包含城市贫困人口、外来务工贫困人口和农村贫困人口的全面扶贫开发战略体系，将城市贫困纳入相关扶贫开发组织的工作范围，统筹解决城乡、区域贫困问题，确保全面建成小康社会和实现共同富裕。

（1）将城市贫困纳入相关扶贫开发组织的工作范围。当前中国还没有专门应对城市贫困的组织，建议将包含外来务工人员的城市贫困问题纳入国务院扶贫办的工作范围，并成立专门的内设机构应对新阶段的中国城市贫困问题。

（2）制定包含各类群体的扶贫开发战略，将城市贫困、外来务工人员贫困纳入扶贫开发总体战略中。制定全面系统科学的扶贫工作的长期目标和基本战略，统筹解决城乡、区域的贫困问题，切实解决中国的贫困问题。按照救助、预防、开发和成长"四位一体"的思路，促进包含各类群体的最低生活保障制度和扶贫开发政策的有效衔接和整合。

（3）尽快明确外来务工人员贫困的对象和标准。根据外来务工人员的迁移类型、在城镇居住的时间和意愿、就业和收入情况等，明确将长期居住、愿意留城的外来务工人员界定为城市贫困的帮扶对象。结合收入、支出和生活状况，制定识别外来务工贫困人口的多维贫困标准。

2. 加快推进户籍及其附属公共服务制度改革

以有序推进农业转移人口市民化为目标，积极推进户籍制度改革和基本公共服务全覆盖，着力帮助改善长期居住在城市的外来务工贫困人口的基本生活问题，实现其在社会保障、城市低保、住房保障等方面的同等权益。

（1）分类有序推进户籍制度改革，推行居住证制度，积极引导外来务工贫困人口就近就地城镇化。按照《国务院关于进一步推进户籍制度改革的意见》（国发〔2014〕25 号）的要求，进一步调整户口迁移政策，全面放开建制镇和小城市落户限制，有序放开中等城市落户限制，合理确定大城市落户条件，严格控制特大城市人口规模，有效解决户口迁移中的重点问题，包括认真落实优先解决存量的要求，重点解决进城时间长、就业能力强、可以适应城镇产业转型升级和市场竞争环境的人员落户问题。对于城市外来务工贫困人口，要积极引导其就近就地城镇化。积极推进居住证制度，对符合条件的外来务工贫困人口，积极推进相关权益均等化。

（2）加快推进基本社会保险和社会权益全覆盖。加快推进基本社会保险全覆盖，积极推进城乡基本社会保险的衔接，重点包括医疗、养老、生育、工伤、失业等基本社会保险等。积极推进基本权益全覆盖，主要包括选举权、平等就业权、义务教育、就业服务、职业技能培训、劳动权益保护、公共卫生、计划生育、临时性救助等。

（3）加快推进基本社会保障全覆盖，主要包括城镇最低生活保障、保障性住房、一般性社会救助、社会福利等。相对于城市贫困居民来说，住房问题是外来务工人员面临的最大难题。目前来看，住房保障政策还没有覆盖到非户籍人口，未来需要加强保障性住房建设，并在户籍制度改革的进程中，逐步将外来务工贫困人口纳入保障性住房政策。同时，要参考社会保险的缴纳模式，探索企业分担保障性住房成本。

3. 完善外来务工贫困人口就业创业扶持政策

大力加强贫困外来务工人员的就业帮扶和就业培训，搭建针对外来务工人员的就业信息和就业服务平台。积极落实《国务院关于进一步做好新形势下就业创业工作的意见》（国发〔2015〕23 号）、《国务院办公厅关于支持农民工等人员返乡创业的意见》

（国办发〔2015〕47 号），着力加强、有序引导城市贫困外来务工人员返乡创业就业。

（1）引导城市贫困外来务工人员返乡创业、就地就近迁移和就业。按照《国务院办公厅关于支持农民工等人员返乡创业的意见》（国办发〔2015〕47 号），支持农民工返乡创业，发展农民合作社、家庭农场等新型农业经营主体，落实定向减税和普遍性降费政策。依托现有各类园区等存量资源，整合创建一批农民工返乡创业园，强化财政扶持和金融服务。依托基层就业和社会保障服务设施等公共平台，提供创业指导和服务。完善职业培训、就业服务、劳动维权"三位一体"的工作机制，加强农民工输出输入地劳务对接，特别是对劳动力资源较为丰富的老少边穷地区，充分发挥各类公共就业服务机构和人力资源服务机构作用，积极开展有组织的劳务输出，加强对转移就业农民工的跟踪服务，有针对性地帮助其解决实际困难，推进农村富余劳动力有序外出就业和就地就近转移就业。

（2）着力增强外来务工人员素质教育意识，加强基本就业技能培训，完善就业服务。围绕城市发展急需和短缺的行业领域，加强对 18 岁至 65 岁的外来务工人员实施就业技能培训。建立外来务工贫困人口就业技能培训基金。搭建外来务工人员信息管理平台和就业信息平台。

（3）建立健全失业保险、社会救助与就业的联动机制。进一步完善失业登记办法和失业保险制度，充分发挥失业保险保生活、防失业、促就业的作用，鼓励领取失业保险金人员尽快实现就业或自主创业。对实现就业或自主创业的最低生活保障对象，在核算家庭收入时，可以扣减必要的就业成本。

（4）推动大容量公益性就业项目。通过政府购买服务方式增加公益性服务岗位，提高弱势群体就业机会。

4. 帮助外来贫困子女获得公平的成长机会

贫困往往会对儿童产生不利影响，包括会导致儿童的学习成绩不佳、出现身体健康问题以及产生问题行为等。为此，要积极帮助贫困外来务工人员的子女在务工地接受教育，一方面有利于减少留守儿童比重，另一方面能够通过支持外来务工人员子女获得可持续教育，完成大学或者职业教育，培育一技之长，有利于协助贫困家庭脱贫。

（1）积极推进实施包含外来务工贫困儿童的贫困儿童津贴项目和现金补助项目，保障外来务工贫困儿童家庭的最低生活标准，促进儿童健康成长。

（2）积极帮助外来务工贫困子女在务工地接受义务教育。按照常住人口规模配套教育资源，解决城市由于外来务工人员子女增加而引起的教育资源不足的问题；在外来儿童较多的城市或区域建立外来儿童专项教育基金；积极推进教育制度改革，确保外来务工人员子女在务工地平等享受义务教育，为外来贫困儿童创造公平公正的教育机会。

（3）积极加强有子女的外来务工人员素质教育。儿童的成长与父母素质关系很大，要积极设立外来务工贫困家庭帮扶项目，为其儿童成长提供全面帮扶。将儿童基本生活保障纳入《中华人民共和国未成年人保护法》。

（4）加强对非义务教育阶段的帮扶力度。创新非义务教育阶段的资助方式，完善资助体系，鼓励多方参与提高资助力度，确保外来务工人员子女能够获得同等的大学或者职业教育机会。

5. 分类引导人口幸福迁移

中国自2000年以来已经实施了十多年鼓励性的人口迁移政策，有力促进了城乡人口迁移和城镇化快速推进。2015年，国务院办公厅发布《关于支持农民工等人员返乡创业的意见》（国办发〔2015〕47号），标志中国的人口政策从单纯鼓励城乡迁移向双向调整转变。从减缓贫困的角度看，当前亟待分类引导人口幸福迁移，切实提高城镇化质量，全面推进扶贫开发事业。

一是积极引导贫困外来务工人员返乡创业就业。对于贫困外来务工人员，在务工地脱贫致富的难度较大，应当积极引导这类群体返乡创业就业。要加大对贫困外来务工人员返乡创业就业的支持力度，制定实施相关的返乡创业支持政策，包括创业培训、资金支持、项目推介等。要着力支持中小城市和小城镇、中西部城市特色产业发展，提高其就业吸纳能力，促进农民工返乡创业就业。

二是支持有条件的外来务工人员落户和举家迁移。对于有稳定居所、就业能力强的外来务工人员，积极支持其落户和举家迁移。要按照国家提出的户籍制度改革目标要求，把中小城市和小城镇以及中西部地区作为落户的重点，并逐步降低大城市的落户门槛，以不断提高户籍人口城镇化率。

附录：调查问卷

城市流动人口生活调查表（编号：　　　　）

您好！本次**匿名调查**旨在通过了解城市流动人口生活状况，为改善流动人口生活质量提出相应的政策建议。调查内容主要包括个人基本情况、收支情况、居住情况、就业与社保、子女教育、政策诉求等有关方面的情况。本次调查遵照《统计法》第十五条规定，对您私人、家庭的单项调查资料严格保密。敬请您如实填写，谢谢合作！

中国社会科学院城市发展与环境研究所

2015 年 8 月

一、个人基本情况（选择项请打 √，不涉及的项可不填，下同）

籍　贯	＿＿＿＿省（直辖市、自治区）　＿＿＿＿市（地区、自治州）				
来自城/乡？	①农村　②城里	年龄		性别	①男 ②女
来本地多久？	＿＿＿＿年	最后学历		有何职业技能	
婚姻情况	①未婚 ②已婚 ③离婚	职业		月均工资	
每天工作时间	平均（　　）小时	兼职职业		兼职月收入	
身体状况	①健康　②良好　③一般　④较差　⑤差/病残（请说明）：＿＿＿＿				

二、工作地家庭成员基本情况（填写同样在您工作城市的家庭成员情况，没有可不填）

与本人关系 （父母、配偶、 兄弟姐妹、子女）	年龄（岁）	教育程度 （或小孩放读年级）	职业	平均月收入 （元）	健康情况 （好、较好、一 般、较差、差）
请评价一下您家的家庭关系	①很好　②较和睦　③不好也不差　④偶尔争吵　⑤经常争吵				
家中是否遭受过意外情况？	①没有 ②较严重自然灾害 ③较严重刑事伤害 ④有过大病 ⑤其他：＿＿＿＿				

三、工作地家庭成员总收支情况（单身成年人士根据自己情况填写）

总收入 （元/年）	工资 收入	家里人 给的	低保 收入	退休 工资	来自老家的其他收入 （如农作物收入）	其他收入 （　　）	其他收入 （　　）

总支出 （元/年）	房租或 房贷	子女教 育费用	医药费	食物	衣物/ 交通	个人教 育培训	其他（娱 乐）支出	偿还 债务	寄回 老家

近几年收入是增多还是下降？	①增多　②下降　③基本没变　④波动太大不好说

四、工作地居住情况

住房面积	_____平方米	共几人同住（加上您）	_____人
谁和你同住	①一个人住　②配偶　③父母　④子女 ⑤兄弟姐妹　⑥其他家人　⑦朋友　⑧同事		
住房格局	①集体宿舍　②1居室　③2居室　④3居室　⑤其他：_____		
住房情况	①单位宿舍或工地工棚　②租住简易住房　③租住地下室或半地下室 ④租住一般居民楼　⑤亲友帮忙解决　⑥申请的政府保障房 ⑦自购商品房　⑧其他：_____		
住房设施	①电视　②冰箱　③空调　④网络　⑤洗衣机 ⑥洗浴设施　⑦卫生间　⑧通电通水		

五、就业与社会保障情况

怎么找到目前的 工作的？	① 政府/社区安排介绍　②商业职介（包括人才交流会）　③招聘广告 ④直接申请（含考试）　⑤家人/亲戚/朋友介绍　⑥自己创业　⑦其他：_____		
就业合同类型	①固定工　②长期合同工（一年及以上）　③短期合同工（一年以下） ④无合同的临时工　⑤打零工　⑥自营业　⑦其他：_____		
职业培训	①没有参加过　②自费参加过　③企业组织参加过　④亲戚或朋友传授技艺 ⑤其他：_____		
养老保险（可多选）	①在务工地参加城镇职工养老保险　②在户口所在地参加居民养老保险 ③新农保　④不知道　⑤都没有参加		
医疗保险（可多选）	①在务工地参加城镇职工医疗保险　②在户口所在地参加居民医疗保险 ③新农合　④不知道　⑤都没有参加		
失业保险	①有　②没有　③不知道	工伤保险	①有　②没有　③不知道
住房公积金	①有　②没有　③不知道	生育保险（女士）	①有　②没有　③不知道
拖欠工资时间	_____个月（没有不填）	拖欠工资金额	_____元（没有不填）
特殊职业经历	①没有特殊职业经历②服兵役③服刑④运动员⑤国企下岗工人⑥其他		

六、老家土地与住房情况

家庭原有承包地面积	_____亩				
承包地情况	①自己耕种　②包给别人种　③把土地折成股份，获得分红 ④闲置　⑤被征用　⑥其他：_____				
征地情况	①没有土地　②没有被征　③部分被征用　④所有耕地被征用 ⑤所有耕地和宅基地都被征用　⑥其他：____				
土地转让/租、承包意愿	①愿意承包更多土地　②愿意转出更多土地　③维持现状　④没有想过				
老家住房完成修建 （新装修）几年？	____年	现在老家住房总 面积	____平方米	住房 层数	____层
新建/翻新总支出	____元	居住情况	①闲置 ②其他家人居住 ③出租 ④其他		

七、其他问题与政策诉求

您选择这个城市最看重的是 什么？（可多选）	①就业机会多　②教育水平好　③医疗水平高　④生活更加丰富 ⑤个人发展空间多　⑥城市环境不错　⑦其他：_____
您觉得生活压力大不大？	①没有压力，感觉不错　②压力较小，有信心改善　③压力一般， 也能过下去　④压力较大，勉强度日　⑤压力很大，需要帮助
是否愿意在此地长期居住？	①愿意　②不愿意　③没想好
如果不愿意在此常住，原因 是什么？（可多选）	①很难入户口　②消费水平高收入却不高　③家里有土地　④家里 朋友多、生活更轻松　⑤想回乡创业　⑥其他：_____
如果孩子在老家上学，原因 是什么？	①因户口被排挤　②务工地学费较高　③孩子一直在老家上学，不 便换校　④老家照顾方便　⑤其他：_____
是否希望小孩在此落户？	①是　②否　③没考虑过
获得过哪些政府帮扶？（可 多选）	①子女上学　②提供保障住房或廉租房　③就业培训 ④就业机会和就业信息　⑤工资等权益保障　⑥其他：
在哪些方面最需要政府提供 帮扶？（可多选）	①子女教育　②提供保障住房或廉租房　③提高最低工资水平 ④提供就业培训　⑤提供更多的就业机会和就业信息 ⑥加强工资等权益保障　⑦加强医疗保障　⑧提高社会保险水平
其他需要政策帮扶的方面？	_____ _____

调查结束，十分感谢您！

其他相关咨询可联系：苏老师（010-59868164，周一）

参考文献

1. Aalbers, M. B, Gent, W. P. C. & Pinkster, F. M. (2011), "Comparing deconcentrating poverty policies in the United States and the Netherlands: A critical reply to Stal and Zuberi", *Cities*, 28 (3): 260 – 264.

2. Ali Modarres (2003), "The dialectic of development in US urban policies: an alternative theory of poverty", *Cities*, 20 (1): 41 – 49.

3. Anzorena J, Bolnic J, Boonyabancha S, et al. (1998), "Reducing urban poverty: Some lessons from experience", *Environment & Urbanization*, 10 (1): 167 –186.

4. Asian Development Bank (2004), "Poverty Profile of the People's Republic of China (Rep.)", Retrieved April 19, 2016, From: http://www. adb. org/publications/poverty – profile – peoples – republic – china

5. Beall J, Kanji N. (1999), Households livelihoods and urban poverty, Urban Governance, *Partnership & Poverty*, Working paper, Unirersity of Birmingham.

6. Chamhuri N H, Karim H A, Hamdan H. (2012), "Conceptual Framework of Urban Poverty Reduction: A Review of Literature", *Procedia – Social and Behavioral Sciences*, 68 (6): 804 – 814.

7. DeNavas – Walt, C. & Proctor, B. D. (2015), *Income and Pov-*

erty in the United States：2014，U. S. Bureau of the Census.

8. Du, Y., Gregory, R., & Meng, X. (2006), "Impact of the guest worker system on poverty and wellbeing of migrant workers in urban China", In Garnaut, R. and Song, L., *The Turning Point In China' s Economic Development*, Canberra：Asia Pacific Press At the Australian National University.

9. Elesh, D. (1973), "Poverty theories and income maintenance：Validity and policy relevance", *Social science quarterly*, 359 – 373.

10. Eric Marlier and A. B. Atkinson (2010), "Indicators of poverty and social exclusion in a global context", *Journal of Policy Analysis and Management*, 29 (1)：285 – 304.

11. Essama – Nssah, B. (1997), "Impact of growth and distribution on poverty in Madagascar", *Review of Income and Wealth*, 43 (2)：239 – 252.

12. Fan S. (2002), Agricultural research and urban poverty in India, General Information.

13. Fisher, G. M. (1997), The development of the Orshansky Poverty Thresholds and their subsequent history as the official U. S. poverty measures, Retrieved April 16, 2016, From：http：//www. census. gov/hhes/povmeas/publications/orshansky. html#N_ 7_

14. Fuchs, V. (1967), "Redefining Poverty and Redistributing Income", *The Public Interest*, (8), 88.

15. Gans, H. J. (1971), "The Use of Poverty：The Poor Pay All", *Social Policy*, (July/August), 20 – 24.

16. Gorski, P. (2008), "The Myth of the 'Culture of Poverty'", *Educational Leadership*, 65 (7), 32.

17. Government of India. (2009), *India Urban Poverty Report*

2009. Ministry of Housing and Urban Poverty Alleviation. Oxford University Press.

18. Grootaert, C. (1999), *Social Capital*, *Household Welfare*, *and Poverty in Indonesia*, World Bank Policy Research WorkingPaper, (2148).

19. Higuchi, Y. (2008), "The dynamics of poverty and the promotion of transition from non – regular to regular employment in Japan: economic effects of minimum wage revision and job training support", *The Japanese Economic Review*, 64 (2), 147 – 200.

20. Legal Momentum. (2011), *Single Mother Poverty in the United States in* 2010, September 15, Retrieved April 16, 2016, From: http: //www. legalmomentum. org/resources/single – mother – poverty – united – states – 2010.

21. Liu, Y. , & Wu, F. (2006), "The state, institutional transition and the creation of new urban poverty in China", *Social Policy & Administration*, 40 (2), 121 – 137.

22. Sharma, M. (2013), Master Circular – Swarna Jayanti Shahari Rozgar Yojana, https: //www. rbi. org. in/commonman/English/ Scripts/Notification. aspx? Id = 1240.

23. McQuaid, R. W. , & Lindsay, C. (2005), "The concept of employability", *Urban Studies*, 42 (2), 197 – 219.

24. Maitra C, Rao, D. S. P. (2015), "Poverty – Food Security Nexus: Evidence from a Survey of Urban Slum Dwellers in Kolkata", *World Development*, 308 – 325.

25. Meng, X. , Gregory, R. , & Wang, Y. (2005), "Poverty, Inequality, and Growth in Urban China, 1986 – 2000", *Journal of Comparative Economics*, 33 (4), 710 – 729.

26. Mok, T. P. , Maclean, P. and Dalziel, P. (2013), "Alternative poverty lines for Mlaysia", *Asian Economic Journal*, 27

（1）：85 - 104.

27. Moser, C. O. N. (1995), "Urban social policy and poverty re-duction", *Environment & Urbanization*, 7 (1)：159 - 172.

28. Notten, G. and Neubourg C. D. (2011), "Monitoring absolute and relative poverty：'not enough' is not the same as 'much less'", *Review of Income and Wealth*, 57 (1)：247 - 269.

29. Osberg, L. and Xu, K. (2008), "How should we measure poverty in a changing world? Methodological issues and Chinese case study", *Review of Development Economics*, 12 (2)：419 - 441.

30. Oscar, L. (1966), "The culture of poverty", *Scientific American*, 215 (4), 19 - 25.

31. Park, A., & Wang, D. (2010), "Migration and urban poverty and inequality in China", *China Economic Journal*, 3 (1), 49 - 67.

32. Peder Hjorth. (2003), "Knowledge development and management for urban poverty alleviation", *Habitat International*, 27 (2)：381 - 392.

33. Ravallion M. (2002), "On the urbanization of poverty", *Journal of Development Economics*, 68 (2)：435 - 442.

34. Salehuddin Ahmed (2010)：《孟加拉国的减贫策略及发展历程》，中国国际扶贫中心（IPRCC）网站。

35. Saxena N. C. (2014)：《印度的城市贫困》，《国际减贫动态》，第 4 期。

36. Sen, A. (1985), "A sociological Approach to the Measurement of Poverty：A Reply to Professor Peter Townsend", *Oxford Economic Papers*, 37 (4), 669 - 676.

37. The United Nations of Development Programme (1990), Human development Report 1990, Oxford University Press.

38. The United Nations of Development Programme (2010), Human

development Report 2010, Oxford University Press.

39. The United Nations of Development Programme (2015), *The Millennium Development Goals Report* 2015, The United Nation, From: https://issuu.com/undp – china/docs/undp – ch _ mdg2015_ eng

40. Vashishtha, V. M. (2009), "Rising Urbanisation of Poverty – A Blot on the Shining Armor: India Urban Poverty Report 2009", *Indian Pediatrics*, Volume. 46, Octorber 17, 2009: 875 – 876.

41. Wang, Y. P. (2005), "Low – income communities and urban poverty in China", *Urban Geography*, 26 (3), 222 – 242.

42. Wilson, W. J, Aponte, R. (2013), "Urban Poverty", *Annual Review of Sociology*, 11 (4): 231 – 258.

43. World Bank (2011), *World Development Report* 2012: *Gender Equality and Development*, Washington, DC: World Bank.

44. World Bank (2013), *World Development Report* 2014: *Risk and Opportunity – Managing Risk for Development*, Washington, DC: World Bank.

45. Wratten, E. (1995), "Conceptualizing urban poverty", *Environment and Urbanization*, 7 (1): 11 – 33.

46. Wu, F. (2007), "The Poverty of transition: From Industrial District to Poor Neighbourhood in the City of Nanjing, China", *Urban Studies*, 44 (13), 2673 – 2694.

47. Yao, S. (2004), "Unemployment and Urban Poverty in China: a Case Study of Guangzhou and Tianjin", *Journal of International Development*, 16 (2), 171 – 188.

48. 阿玛蒂亚·森（2002）：《以自由看待发展》，中国人民大学出版社。

49. 冯海燕等（2006）：《北京市水资源承载力系统动力学模拟》，《中国农业大学学报》，第 6 期。

50. 安晓宁（2012）：《基于 ELES 模型的中国城镇贫困度量研究》，天津财经大学硕士学位论文。

51. 边恕（2014）：《城市居民最低生活保障标准多层次量化与调整机制研究》，《人口与发展》，第 20 卷第 3 期。

52. 蔡昉、都阳、王美艳（2005），《中国劳动力市场转型与发育》，商务印书馆。

53. 蔡昉主编（2002）：《中国人口与劳动问题报告》，社会科学文献出版社。

54. 蔡昉主编（2006）：《中国人口与劳动问题报告 No. 7》，社会科学文献出版社。

55. 财政部国际司（2013）：《英国社会保障制度概述》，From：http：//gjs. mof. gov. cn/pindaoliebiao/cjgj/201304/t20130409 _ 813504. html。

56. 陈玉云（2004）：《流动人口子女教育问题综述》，《教育探索》，第 2 期。

57. 曹清华（2010）：《英国现代社会救助制度反贫困效应研究》，《河南师范大学学报（哲学社会科学版）》，第 5 期。

58. 达席尔瓦、德尔戈罗斯、弗朗卡编著（2013）：《零饥饿计划：巴西的经验》，中国农业科学技术出版社。

59. 邓新华（2008）：《城市贫困人口规模、来源及成因》，《国情观察》，第 1 期。

60. 董延芳、刘传江（2008）：《农民工社保需求影响因素的实证研究》，《农业技术经济》，第 1 期。

61. 董运来、赵慧娥、耿建（2008）：《印度公共分配系统：经验、绩效及改革》，《世界农业》，第 4 期。

62. 都阳（2007）：《中国的城市贫困：趋势、政策与新的问题》，中国发展研究基金会报告，第 34 期。

63. 都阳、Park（2007）：《中国的城市贫困：社会救助及其效应》，《经济研究》，第 12 期。

64. 杜丽红（2008）：《我国城市流动人口就业问题及其管理》，《四川行政学院学报》，第 1 期。

65. 范晨辉、薛东前、罗正文（2014）：《转型期城市贫困演化空间模式研究》，《经济地理》，第 34 卷第 8 期。

66. 高娟（2014）：《美国社会福利体系的架构及启示》，《经济纵横》，第 2 期。

67. 高梦滔（2006）：《城市贫困家庭青年就业与收入的实证研究——基于西部三个城市的微观数据》，《管理世界》，第 11 期。

68. 关信平（2003）：《现阶段中国城市的贫困问题及反贫困政策》，《江苏社会科学》，第 2 期。

69. 关信平（2007）：《当代欧洲贫困问题及欧盟的反贫困政策研究》，From：http：//dbs. mca. gov. cn/article/csdb/llyj/200711/20071100003475. shtml？2

70. 国家人口和计划生育委员会流动人口服务管理司，2012：《中国流动人口发展报告 2012》，中国人口出版社。

71. 国家统计局（2012）：《2011 年我国农民工调查监测报告》，2012 - 04 - 27。

72. 国家统计局农村司（2010）：《2009 年农民工监测调查报告》，2010 - 03 - 19。

73. 国务院发展研究中心课题组（2011）：《农民工市民化：制度创新与顶层设计》，中国发展出版社。

74. 国务院研究室课题组（2006）：《中国农民工调研报告》，中国言实出版社。

75. 国家统计局（2015）：《2014 年全国农民工监测调查报告》，2015 年 4 月 29 日。

76. 国家统计局住户调查办公室（2014）：《2014 年中国城乡住户调查年鉴》，国家统计局出版社。

77. 国家统计局《中国城镇居民贫困问题研究》课题组（1991）：《中国城镇居民贫困问题研究》，《统计研究》，第 6 期。

78. 国家人口与计划生育委员会流动人口服务管理司编（2010）：《中国流动人口发展报告》，中国人口出版社。

79. 国家人口与计划生育委员会流动人口服务管理司编（2011）：《中国流动人口发展报告》，中国人口出版社。

80. 国家人口与计划生育委员会流动人口服务管理司编（2012）：《中国流动人口发展报告》，中国人口出版社。

81. 国家卫生和计划生育委员会流动人口司编（2013）：《中国流动人口发展分省报告》，中国人口出版社。

82. 国家卫生和计划生育委员会流动人口司编（2013）：《中国流动人口发展报告（2013）》，中国人口出版社。

83. 国家卫生和计划生育委员会流动人口司编（2014）：《中国流动人口发展报告》，中国人口出版社。

84. 韩俊、崔传义、赵阳（2005）：《巴西城市化过程中贫民窟问题及对我国的启示》，《中国发展观察》，第6期。

85. 何深静、刘玉亭、吴缚龙、Chris Webster（2010）：《中国大城市低收入邻里及其居民的贫困集聚度和贫困决定因素》，《地理学报》，第12期。

86. 侯学英（2014）：《当前我国城市贫困问题研究的评述与展望》，《现代城市研究》，第3期。

87. 胡爱文（2011）：《美国贫困线及其反贫困政策研究：1959—2010》，华东师范大学博士论文。

88. 胡兵、赖景生、胡宝娣（2007）：《经济增长，收入分配与贫困缓解——基于中国农村贫困变动的实证分析》，《数量经济技术经济研究》，第5期。

89. 黄桦（2008）：《我国城市贫困群体现状研究》，《经济问题》，第4期。

90. 黄吉乔、杜德斌（2000）：《我国城镇贫困化及其治理对策探析》，《地理科学进展》，第1期。

91. 黄宁莺、吴缚龙（2004）：《就业与保障的背离——新城市贫困形成的深层原因》，《江汉大学学报（人文科学版）》，第1期。

92. 蒋贵凰、宋迎昌（2011）：《中国城市贫困状况分析及反贫困对策》，《现代城市研究》，第10期。

93. 金海（2015）：《美国人对贫困问题的认识及济贫政策的变化》，《历史教学问题》，第1期。

94. 城镇贫困问题课题组（1997）：《城镇贫困及有关的体制建设问题》，《管理世界》，第3期。

95. 李贵成（2013）：《社会排斥视域下的新生代农民工城市融入问题研究》，《理论探讨》，第2期。

96. 赖德胜、孟大虎、李长安、田永坡（2011）：《中国就业政策评价：1998—2008》，《北京师范大学学报（社会科学版)》，第3期。

97. 李二敏（2014）：《城市贫困与社会保障水平的关系研究》，上海工程技术大学硕士学位论文。

98. 李航（2011）：《地方政府作为与失地农民贫困的预防》，《未来与发展》，第11期。

99. 李瑞林、李正升（2006）：《中国转轨过程中的城市贫困问题研究》，《经济经纬》，第1期。

100. 李若建（1998）：《城镇贫困与富裕人口的空间分布研究》，《人口与经济》，第3期。

101. 李善同（2002）：《中国城市贫困已显现三大特征》，《领导决策信息》，第42期。

102. 李善同等（2008）：《农民工在城市的就业，收入与公共服务：城市贫困的视角》，新加坡国立大学东亚研究所。

103. 李姗姗、孙久文（2015）：《中国城市贫困空间分案件与反贫困政策体系研究》，《现代经济探讨》，第1期。

104. 李实、Knight（2002）：《中国城市中的三种贫困类型》，《经济研究》，第10期。

105. 李实（2004）：《20 世纪 90 年代末中国城市贫困的恶化及其原因》，载李实、佐藤宏主编：《经济转型的代价：中国城市失业、贫困、收入差距的经验分析》，中国财政经济出版社。

106. 李军峰（2006）：《城镇贫困人口的特征分析———以郑州市的问卷调查为例》，《市场与人口分析》，第 6 期。

107. 李强、毛学峰、张涛（2008）：《农民工汇款的决策，数量与用途分析》，《中国农村观察》，第 3 期。

108. 林李月、朱宇（2008）：《两栖状态下流动人口的居住状态及其制约因素——以福建省为例》，《人口研究》，第 3 期。

109. 林乐芬、赵辉、安然、李佳、沈颖妮（2009）：《城市化进程中失地农民市民化现状研究》，《农业经济问题》，第 3 期。

110. 梁汉媚、方创琳（2011）：《中国城市贫困人口动态变化与空间分异特征探讨》，《经济地理》，第 31 卷第 10 期。

111. 林德（2009）：《论美国公共救助体制的演变》，《经济社会体制比较》，第 6 期。

112. 刘家强、唐代盛、蒋华（2005）：《中国新贫困人口及其社会保障体系构建的思考》，《人口研究》，第 5 期。

113. 马春晖（2005）：《中国城镇贫困化问题研究》，《经济学家》，第 3 期。

114. 马清裕等（1999）：《北京城市贫困人口特征、成因及解困对策》，《地理研究》，第 18 卷第 4 期。

115. 梅建明（2006）：《进城农民的"农民市民化"意愿考察》，《华中师范大学学报（人文社会科学版）》，第 6 期。

116. 《南方都市报》特别报道组（2012）：《洪流：中国农民工30 年迁徙史》，花城出版社。

117. 钱文荣、李宝值（2013）：《不确定性视角下农民工消费影响因素分析——基于全国 2679 个农民工的调查数据》，《中国农村经济》，第 11 期。

118. 单菁菁（2013）：《中国农业转移人口市民化成本研究》，载潘家华、魏后凯主编（2013）：《中国城市发展报告 No. 6》，社会科学文献出版社。

119. 申策、张冠（2013）：《美国的社会保险制度对中国养老制度改革的启示》，《吉林大学社会科学学报》，第 2 期。

120. 师嘉林（2015）：《当代美国拉美裔移民贫困问题探析》，《重庆工商大学学报（社会科学版）》，第 3 期。

121. 世界银行（1990）：《1990 年世界发展报告》，中国财政经济出版社。

122. 世界银行（2001）：《2000/2001 年世界发展报告》，中国财政经济出版社。

123. 世界银行（2007）：《2007 年世界发展报告：发展与下一代》，清华大学出版社。

124. 世界银行（1993）：《中国：90 年代的扶贫战略》，中国财政经济出版社。

125. 石敏俊等（2013）：《京津水资源承载力研究》，载文魁、祝尔娟主编，《京津冀发展报告（2013）》，社会科学文献出版社。

126. 苏勤、林炳耀（2003）：《我国新城市贫困问题研究进展》，《中国软科学》，第 7 期。

127. 苏振兴（2015）：《反贫困斗争与政府治理能力——巴西案例研究》，《拉丁美洲研究》，第 1 期。

128. 素媛、薛德升、许学强（2006）：《转型时期我国城市贫困研究述评》，《人文地理》，第 1 期。

129. 孙志祥（2007）：《美国的贫困问题与反贫困政策述评》，《国家行政学院学报》，第 3 期。

130. 唐钧（2009）：《"城市门槛"与社会排斥》，《绿叶》，第 7 期。

131. 唐钧（1997）：《确定中国城镇贫困线方法的研究》，《社会学研究》，第 2 期。

132. 陶相根（2010）：《外来务工人员社会保障存在的问题及对策研究》，《中国特色社会主义研究》，第 1 期。

133. 田慧生、吴霓、张宁娟、李晓强（2008）：《进城务工农民随迁子女教育状况调研报告》，《教育研究》，第 4 期。

134. 童星、刘松涛（2000）：《城市居民最低生活保障线的测定》，《社会学研究》，第 4 期。

135. 童玉芬（2010）：《北京市水资源人口承载力的动态模拟与分析》，《中国人口·资源与环境》，第 9 期。

136. 万广华、张茵（2006）：《收入增长与不平等对我国贫困的影响》，《经济研究》，第 6 期。

137. 王朝明（2009）：《社会资本与贫困：一个理论框架的解释》，《当代经济》，第 17 期。

138. 王朝明、马文武（2014）：《中国城镇化进程中的贫困问题：按要素分解分析》，《中国人口·资源与环境》，第 24 卷第 10 期。

139. 王美艳（2011）：《中国的劳动力转移与城市贫困》，出自 IPRCC，中国国际扶贫中心研究报告，第 4 期。

140. 王美艳（2014）：《农民工的贫困状况与影响因素——兼与城市居民比较》，《宏观经济研究》，第 9 期。

141. 王小林、Alkire, S.（2009）：《中国多维贫困测量：估计和政策含义》，《中国农村经济》，第 12 期。

142. 王英（2012）：《印度城市居住贫困及其贫民窟治理——以孟买为例》，《国际城市规划》，第 4 期。

143. 王志章、刘天元、贾煜（2015）：《印度包容性增长的扶贫开发实践及启示》，《西南大学学报（社会科学版）》，第 4 期。

144. 魏后凯、盛广耀、苏红键（2013）：《总报告》，《中国城市发展报告——农业转移人口的市民化》，社会科学文献出版社。

145. 魏后凯、苏红键（2013）：《中国农业转移人口市民化研究》，《中国人口科学》，第 5 期。

146. 魏后凯、苏红键（2014）：《中国农民工市民化进程》，《中国经济周刊》，第 5 期。

147. 魏后凯、邬晓霞（2009）：《中国的反贫困政策：评价与展望》，《上海行政学院学报》，第 10 卷第 2 期。

148. 魏后凯、王宁（2013）：《参与式反贫困：中国城市贫困治理的方向》，《江淮论坛》，第 5 期。

149. 吴缚龙（2009）：《中国城市的新贫困》，《二十一世纪（香港）》，第 113 期。

150. 夏庆杰、宋丽娜、Appleton S.（2007）：《中国城镇贫困的变化趋势和模式：1988—2002》，《经济研究》，第 9 期。

151. 肖文涛（1997）：《我国社会转型期的城市贫困问题研究》，《社会学研究》，第 5 期。

152. 徐延辉（2013）：《社区能力建设与反贫困实践——以英国"社区复兴运动"为例》，《社会科学在线》，第 4 期。

153. 杨立雄（2010）：《贫困线计算调整机制比较研究》，《经济社会体制比较（双月刊）》，第 5 期。

154. 杨立雄（2013）：《美国贫困门槛的发展及对中国的启示》，《中州学刊》，第 3 期。

155. 杨洋、马劲骁（2012）：《流动人口与城市相对贫困的实证研究》，《贵州社会科学》，第 10 期。

156. 姚国跃、刘胜华（2015）：《中国与印度土地制度及其效能比较研究》，《世界地理研究》，第 2 期。

157. 姚毅（2012）：《城乡贫困动态演化的实证研究——基于家庭微观面板数据的解读》，《财经科学》，第 5 期。

158. 叶静怡、周晔馨（2010）：《社会资本转换与农民工收入——来自北京农民工调查的证据》，《管理世界》，第 10 期。

159. 张敦福（1998）：《城市相对贫困问题中的特殊群体：城市农民工》，《人口研究》，第 2 期。

160. 张车伟、蔡昉（2002）：《中国贫困农村的食物需求与营养弹性》，《经济学（季刊）》，第 10 期。

161. 张桂文（2013）：《农业转移人口市民化的困境与出路》，《光明日报》2 月 22 日。

164. 张丽艳、陈余婷（2012）：《新生代农民工市民化意愿的影响因素分析》，《西北人口》，第 4 期。

165. 张克中、冯俊诚（2010）：《通货膨胀、不平等与亲贫式增长》，《管理世界》，第 5 期。

166. 张全红（2008）：《粮价上涨、通货膨胀与城市贫困——基于两种价格指数的对比分析》，《统计研究》，第 9 期。

167. 张爽、陆铭、章元（2007）：《社会资本的作用随市场化进程减弱还是加强?》，《经济学（季刊）》，第 2 期。

168. 张伟宾、王瑜（2013）：《城乡协调发展背景下的新贫困问题》，《贵州社会科学》，第 9 期。

169. 郑文升等（2007）：《城市低收入住区治理与克服城市贫困——基于对深圳"城中村"和老工业基地城市"棚户区"的分析》，《城市规划》，第 31 卷第 5 期。

170. 周海旺（2001）：《城市贫困人口的现状和解困政策研究——以上海为例》，《人口研究》，第 25 卷第 2 期。

171. 周涛（2004）：《英国积极的就业政策研究》，华东师范大学博士学位论文。

172. 左常升主编（2013）：《世界各国减贫策略及发展历程》，社会科学文献出版社。

魏后凯：中国社会科学院农村发展研究所所长、研究员，研究生院教授、博士生导师。兼任中国区域科学协会理事长，中国区域经济学会、中国城市经济学会副会长，国际区域研究协会中国分会副理事长，民政部、国家民委、北京市、山西省等决策咨询委员，10多所大学兼职教授。

苏红键：中国社会科学院城市发展与环境研究所科研人员，经济学博士，主要研究方向为城市与区域经济学、产业经济学。